Florence Scovel Shinn

Das Lebensspiel für Frauen

Florence Scovel Shinn

DAS LEBENSSPIEL FÜR FRAUEN

...und wie es zum Erfolg führt

Aus dem Amerikanischen
von Klara Deixel

SILBERSCHNUR

Originaltitel: »The Game of life for women – and how to play it«

ISBN: 978-3-89845-238-0

1. Auflage 2008

Gestaltung & Satz: XPresentation, Boppard
Druck: CPI Moravia Books s.r.o. Tschechische Republik

Verlag »Die Silberschnur« GmbH
Steinstraße 1 · D-56593 Güllesheim

www.silberschnur.de
Email: info@silberschnur.de

INHALT

Die richtigen Gedanken geben jeder Frau die Kraft, sich »ihren« Himmel auf »ihre« Erde zu holen.
Das Spiel des Lebens ist gedacht als Weg dorthin.

Kapitel 1

Das Spiel

Die meisten Menschen halten das Leben für einen Kampf. Dabei ist es kein Kampf, sondern ein Spiel. – Ein Spiel allerdings, das ohne Wissen über das spirituelle Gesetz nicht erfolgreich gespielt werden kann. Die Spielregeln sind in wunderbarer Klarheit im Alten und im Neuen Testament enthalten. Jesus Christus hat gelehrt, dass alles ein Spiel des *Gebens und Nehmens* ist.

»Was immer eine Frau aussät, wird sie auch ernten.« – Das heißt, was immer eine Frau aussendet in Worten und Taten, kommt zu ihr zurück; was sie gibt, wird ihr gegeben. Wenn sie Hass aussendet, wird sie Hass ernten; wenn sie Liebe aussendet, wird sie Liebe ernten; wenn sie Kritik übt, wird sie Kritik ernten; wenn sie lügt, wird sie belogen werden; wenn sie betrügt, wird sie betrogen werden. Man lehrt uns auch, dass die Vorstellungskraft im Spiel des Lebens eine wichtige Rolle spielt.

»Behüte dein Herz mit allem Fleiß, denn daraus quillt das Leben.« (Sprüche Salomos 4, 23)

Das bedeutet, dass das, was eine Frau sich vorstellt, irgendwann auf sie zurückwirkt. Ich habe von einer Frau gehört, die sich vor einer bestimmten, sehr seltenen und schwer übertragbaren Krankheit fürchtete. Sie malte sich ständig aus, daran zu erkranken und beschäftigte sich auch über Bücher damit, bis diese Krankheit sich in ihrem Körper manifestierte. Sie starb als Opfer einer fehlgeleiteten Imagination.

Um das Spiel des Lebens erfolgreich zu spielen, müssen wir unsere Vorstellungskraft schulen. Ein Mensch, der mit Hilfe seiner Vorstellungskraft nur Gutes ersinnt, kann sich jeden »gerechten Wunsch seines Herzens« erfüllen – Gesundheit, Wohlstand, Liebe, Freunde, Selbstverwirklichung und höchste Ideale.

Die Vorstellungskraft wählt Tag für Tag aus den Bildern einer Frau aus, und früher oder später steht sie in der realen Welt vor ihren eigenen Schöpfungen. Um die Vorstellungskraft zu schulen, muss eine Frau verstehen, wie ihr Geist funktioniert. Nicht umsonst hieß es bei den Griechen: »Lerne dich kennen«.

Man unterscheidet zwischen drei Ebenen: Unterbewusstsein, Bewusstsein und Überbewusstsein. Das Unterbewusstsein ist die reine, ungelenkte Energie. Sie verhält sich wie Dampf oder Strom ohne jede induktive Kraft.

Was immer eine Frau tief empfindet oder sich präzise vorstellt, findet Eingang in ihr Unterbewusstsein und äußert sich in kleinsten Details.

Ein Beispiel: Ich kenne eine Frau, die als Kind immer wollte, dass man sie für eine Witwe hielt. Sie zog sich ganz schwarz an und trug einen langen schwarzen Schleier, und die Leute hielten sie für klug und amüsant. Als sie älter war, heiratete sie einen Mann, den sie sehr liebte. Er starb schon nach kurzer Zeit, und sie trug jahrelang schwarze Kleidung und einen schwarzen Schleier. Das Bild von sich als Witwe hatte sich in ihr Unterbewusstsein eingeprägt und nahm irgendwann Gestalt an, ohne Rücksicht auf die Verheerungen, die es anrichtete.

Das Bewusstsein wird auch als sterblicher oder diesseitiger Geist bezeichnet. Es ist das menschliche Bewusstsein, das das Leben in seiner *äußeren Erscheinung* wahrnimmt. Es sieht Tod, Krankheit, Elend, Armut, und es prägt das Unterbewusstsein.

Das Überbewusstsein entspricht dem göttlichen Geist in jedem von uns und ist die Ebene der Idealvorstellungen. Dort ist das vollkommene Muster angelegt, von dem auch bei Plato die Rede ist, oder der *göttliche Plan*, der für jeden Menschen vorgesehen ist. »Es gibt einen Platz, den du ausfüllen musst und den niemand sonst ausfüllen kann, etwas, was du tun musst und niemand sonst tun kann.«

Das spiegelt sich im Überbewusstsein wider und scheint auch immer wieder im Bewusstsein auf, als unerreichbares Ideal, etwas, das »zu gut [ist], um wahr zu sein«.

In Wahrheit ist dies die wahre Bestimmung einer Frau, die ihr die Unendliche Weisheit *in ihr* vermittelt.

Viele wissen jedoch nichts von ihrer wahren Bestimmung und streben nach Dingen und äußeren Umständen, die ihnen nicht entsprechen und nur Misserfolg und Unzufriedenheit bringen.

So kam zum Beispiel eine Frau zu mir und bat mich, ich möge Fürsprache halten, dass die Ehe mit dem Mann, in den sie sehr verliebt war (und den sie A. B. nannte), zustande käme. Ich sagte, dass dies dem spirituellen Gesetz widerspräche, ich aber Fürsprache dafür hielte, dass sie durch göttliche Wahl die Person fände, die gemäß dem göttlichen Recht zu ihr passen würde. Ich fügte hinzu, dass sie nichts verlieren könne, wenn A. B. der Richtige wäre, und sie andernfalls eine Entsprechung finden würde. Sie sah A. B. häufig, aber mit ihrer Freundschaft ging es nicht voran. Eines Abends rief sie an und sagte: »Wissen Sie, vergangene Woche hat A. B. gar nicht mehr so auf mich gewirkt.« Kurz darauf begegnete sie jemandem, der sich auf Anhieb in sie verliebte und ihr sagte, sie entspräche seinem Ideal. Tatsächlich sagte er ihr all die Dinge, von denen sie gehofft hatte, A. B. hätte sie zu ihr gesagt.

Sie stellte fest, das sei »ziemlich unheimlich« gewesen; sie erwiderte die Liebe dieses Mannes schon bald und verlor ihr Interesse an A. B. Darin zeigte sich das Gesetz der Substitution. Eine richtige Vorstellung trat an die Stelle einer falschen, weswegen damit auch kein Verlust oder Opfer verbunden war.

Jesus Christus hat gesagt: »Suchet zunächst das Königreich Gottes und seine Gerechtigkeit; und all diese Dinge werden zu euch kommen.« Und er hat gesagt, dass das Königreich *in einem selbst* liegt. Das Königreich ist die Sphäre der richtigen Vorstellungen oder des göttlichen Vorbilds. Jesus hat uns gelehrt, dass Worte im Spiel des Lebens eine große Rolle spielen. »Eure Worte sprechen euch frei, und eure Worte verdammen euch.« Viele Menschen haben sich durch unnütze Worte ins Unglück gestürzt.

Zum Beispiel fragte mich einmal eine Frau, warum ihr Leben so arm und eingeschränkt sei. Früher habe sie ein Haus besessen und sei von lauter schönen Dingen umgeben gewesen, doch habe es sie oft auch angestrengt, sich um alles kümmern zu müssen, so dass sie wiederholt gesagt habe: »Ich bin der vielen Dinge überdrüssig, am liebsten hätte ich nur eine Kiste.« Nun, so fügte sie hinzu, lebe sie in dieser Kiste. Sie hatte sich die Kiste selbst herbeigeredet. Das Unbewusste versteht keinen Spaß, und oft locken die Menschen durch ihre Witzeleien unerfreuliche Erfahrungen geradezu an.

Zum Beispiel sagte eine Frau, die sehr viel Geld hatte, regelmäßig, sie stünde »kurz vor dem Armenhaus«. Innerhalb weniger Jahre war sie beinahe mittellos, denn sie hatte ihr Unterbewusstsein mit einem Bild von Mangel und Armut geprägt. Zum Glück funktioniert das Gesetz in beide Richtungen, so dass ein Zustand des Mangels in einen des Überflusses umgewandelt werden kann.

Zum Beispiel: An einem heißen Sommertag kam eine Frau zu mir und wollte eine Behandlung für mehr Wohlstand. Sie war erschöpft und entmutigt. Sie sagte, sie besitze noch genau acht Dollar. Ich sagte: »Gut. Wir segnen die acht Dollar und vermehren sie, wie Jesus die Brotlaibe und Fische vermehrt hat.« Denn er hat gelehrt, dass jeder die Macht hat, zu segnen und zu vermehren, zu heilen und erfolgreich zu sein.

Sie fragte: »Was soll ich als Nächstes tun?« Ich antwortete: »Folgen Sie Ihrer Intuition. Wollen Sie irgendetwas tun oder zieht es Sie irgendwo hin?« Der Intuition folgen heißt, sich von seinem Innern leiten lassen. Das ist der Wegweiser der Frau, die nicht irrt. In einem späteren Kapitel werde ich mich noch eingehender damit beschäftigen.

Die Frau antwortete: »Ich weiß nicht, irgendwie zieht es mich nach Hause. Ich habe gerade noch genug Geld, um heimzufliegen.« Ihre Heimat war weit entfernt, und die Vernunft (oder der Intellekt) sagten ihr: »Bleibe in New York, suche dir Arbeit und verdiene erst einmal Geld.« Ich antwortete: »Fahren Sie nach Hause, über so eine Ahnung darf man nie hinweggehen.« Dann sprach ich folgende Worte: »Unendlicher Geist, mache den Weg frei, damit für [...] im Überfluss vorhanden ist. Sie zieht alles, was ihr gemäß dem göttlichen Recht zusteht, magnetisch an.« Ich sagte ihr, sie solle diese Worte regelmäßig wiederholen. Sie reiste sofort in ihre Heimat. Eines Tages meldete sie sich bei einer Frau und stellte so die Verbindung zu einer alten Freundin der Familie wieder her. Durch diese Freundin kam sie auf wundersame Weise in den Besitz von etlichen Tausend Dollar. Oft sagte sie zu mir: »Erzählen Sie den Leuten von der Frau, die mit acht Dollar und einer Ahnung zu Ihnen kam.«

Auf dem Weg einer Frau ist immer genügend von allem vorhanden, aber es manifestiert sich nur durch den Wunsch, den Glauben oder das gesprochene Wort. Jesus Christus hat deutlich gemacht, dass man den ersten Schritt machen muss.

»Bittet, so wird euch gegeben; suchet, so werdet ihr finden; klopfet an, so wird euch aufgetan.« (Matthäus 7, 7)

In der Bibel steht geschrieben: Gott, die Unendliche Weisheit, ist immer bereit, kleinste und größte Bitten zu erhören. Jeder Wunsch, ob ausgesprochen oder unausgesprochen, ist eine Bitte. Oft erschrecken wir, wenn ein Wunsch plötzlich in Erfüllung geht. Zum Beispiel sah ich an Ostern einmal viele herrliche Rosenstöcke in den Schaufenstern der Blumenhändler und wünschte mir, ich würde einen davon bekommen. Kurz stellte ich mir vor, wie jemand damit die Eingangstür passierte. Ostern kam, und tatsächlich wurde ich mit einem Rosenstock beschenkt. Am Tag darauf bedankte ich mich bei meiner Freundin und sagte ihr, dass ich mir genau so einen gewünscht hatte.

Sie antwortete: »Ich habe dir keinen Rosenstock geschickt, sondern Lilien!« Der Blumenhändler hatte den Auftrag verwechselt und mir einen Rosenstock geschickt, weil ich das Gesetz in Kraft gesetzt hatte und *unbedingt einen Rosenstock haben wollte.*

Nur Angst und Zweifel stehen zwischen einer Frau und ihren höchsten Idealen und jedem ihrer Herzenswünsche. Wenn eine Frau sich etwas wünschen kann, ohne sich gleichzeitig Sorgen zu machen, geht jeder

Wunsch auf Anhieb in Erfüllung. Den präzisen Grund dafür, und wie man die Furcht aus dem Bewusstsein verbannen kann, erläutere ich in einem späteren Kapitel. Das ist der einzige Feind: Furcht vor Mangel, Furcht vor dem Scheitern, Furcht vor Krankheit und Verlust und ein *Gefühl der Unsicherheit, gleich auf welcher Ebene*. Jesus Christus sagt: »Ihr Kleingläubigen, warum seid ihr so furchtsam?« (Matthäus 8, 26) Wir müssen also die Furcht durch den Glauben ersetzen, denn Furcht ist nur umgekehrter Glaube: der Glaube an das Böse statt an das Gute.

Durch das Spiel des Lebens erkennt man deutlich das Gute und kann alle Bilder vom Bösen auslöschen. Das geschieht, indem man das Unterbewusstsein mit der Vorstellung vom Guten prägt. Eine höchst talentierte und erfolgreiche Frau sagte mir einmal, sie habe irgendwann durch ein Schild in einem Raum plötzlich alle Furcht aus ihrem Bewusstsein verbannt. Dort stand in großen Lettern: »Wozu sich sorgen? Wahrscheinlich wird es nie passieren.« Diese Worte prägten sich unauslöschlich in ihr Unterbewusstsein ein, und sie ist jetzt fest davon überzeugt, dass nur Gutes in ihr Leben kommen und sich deshalb auch nur Gutes *manifestieren* kann.

Im folgenden Kapitel werde ich auf die verschiedenen Methoden eingehen, mit denen man das Unterbewusstsein prägen kann. Es ist unser zuverlässiger Diener, aber man muss sehr darauf achten, welche Anweisungen man ihm erteilt. In ihm hat eine Frau immer einen stillen Zuhörer an ihrer Seite.

Jeder Gedanke, jedes Wort prägt das Unterbewusstsein. Ähnlich wie bei einer Sängerin, die ein Lied aufnimmt: Jede Note, jede Modulation wird registriert. Wenn die Sängerin hustet oder zögerlich ist, wird auch das registriert. Werfen wir also alte Aufnahmen in unserem Bewusstsein über Bord, und spielen wir Neues, Schöneres ein.

Sprechen Sie diese Worte laut, mit Kraft und Überzeugung: »Hiermit lösche ich durch mein gesprochenes Wort jede falsche Prägung meines Unterbewusstseins. Sie sollen wieder der Staub ihres ursprünglichen Nichts werden, denn sie sind aus falschen Vorstellungen entstanden. Durch Christus präge ich mein Unterbewusstsein neu – *Gesundheit, Wohlstand, Liebe und vollkommene Selbstverwirklichung*. Das ist das Quadrat des Lebens, *das vollendete Spiel.*«

In den folgenden Kapiteln werde ich zeigen, wie Sie durch andere Worte andere Grundvoraussetzungen in Ihrem Leben schaffen. Jede Frau, die die Kraft des Wortes nicht kennt, läuft der Zeit hinterher.

»Tod und Leben stehen in der Zunge Gewalt;
wer sie liebt, wird ihre Frucht essen.«

(Die Sprüche Salomos 18, 21)

Er, der Allmächtige, soll dein Schutz sein,
und dir wird im Überfluss gegeben.

KAPITEL 2

Das Gesetz des Wohlergehens

Eine der wichtigsten Botschaften der Bibel ist, dass Gott jedem Hilfe gewährt und eine Frau durch ihr gesprochenes Wort alles freisetzen kann, was ihr gemäß dem göttlichen Recht zusteht. Sie muss nur fest an ihr gesprochenes Wort glauben.

Jesaja sagte: »[Mein Wort] wird nicht wieder leer zu mir zurückkommen, sondern wird tun, was mir gefällt, und ihm wird gelingen, wozu ich es sende.« Mittlerweile wissen wir, dass Worte und Gedanken enorme Schwingungskräfte besitzen, die den Körper und alle äußeren Umstände einer Frau prägen.

Eine Frau kam in großer Not zu mir und sagte, sie werde am 15. des Monats wegen 3.000 Dollar verklagt. Sie wusste nicht, woher sie das Geld nehmen sollte und war verzweifelt. Ich sagte, dass Gott für sie aufkommen und *jede Bitte erhört wird.*

Ich sprach also das Wort! Ich dankte dafür, dass die Frau zum richtigen Zeitpunkt und auf dem richtigen Weg 3.000 Dollar erhalten würde. Ich sagte ihr, sie müsse fest daran glauben und ihren Glauben auch *zeigen*. Der 15. kam, doch kein Geld hatte sich materialisiert.

Sie rief mich an und fragte, was sie tun solle. Ich antwortete: »Heute ist Samstag, heute wird Sie niemand verklagen. Ihre Aufgabe ist es, sich reich zu geben und dadurch den Glauben zu bekunden, dass Sie das Geld bis Montag erhalten.« Sie bat mich, mit ihr essen zu gehen und ihr Mut zu machen. Als ich sie im Restaurant sah, sagte ich zu ihr: »Jetzt heißt es nicht sparen. Bestellen Sie ein teures Mittagessen, und geben Sie sich so, als hätten Sie das Geld bereits erhalten.«

»Alles, worum ihr im Gebet und *im Glauben* bittet, wird euch zuteil werden ... Verhaltet euch so, als *hättet ihr es bereits erhalten.*« Am nächsten Morgen rief sie mich an und bat mich, den Tag mit ihr zu verbringen. Ich sagte: »Nein, Sie haben göttlichen Schutz, und Gott kommt nie zu spät.«

Am Abend rief sie mich erneut an und war sehr aufgeregt. »Ein Wunder ist geschehen! Heute Morgen saß ich in meinem Zimmer, als es an der Tür klingelte. Ich sagte zum Dienstmädchen: ›Lassen Sie niemanden herein.‹« Das Dienstmädchen blickte jedoch durchs Fenster und sagte: ›Es ist Ihr Cousin mit dem langen weißen Bart.‹ Ich sagte, sie solle ihn rufen, ich würde ihn gern sehen. Er bog gerade um die Ecke, als er die Stimme hörte, kam zurück und redete eine Stunde lang mit mir. Als er gehen wollte, erkundigte er sich nach meinen Finanzen.

Ich sagte ihm, dass ich Geld bräuchte, und er sagte: ›Am Monatsersten gebe ich dir 3.000 Dollar.‹ Ich wollte ihm nicht sagen, dass mir eine Klage ins Haus steht. Was soll ich tun? Vor dem Ersten bekomme ich es nicht, und ich brauche es morgen.« Ich sagte, ich würde die Behandlung fortsetzen.

Das tat ich mit den Worten: »Der Geist kommt nie zu spät. Ich danke dafür, dass sie das Geld auf der nicht sichtbaren Ebene erhalten hat und es sich rechtzeitig manifestieren wird.« Am nächsten Morgen rief ihr Cousin sie an und sagte, sie solle in sein Büro kommen, er werde ihr das Geld geben. Am selben Nachmittag konnte sie 3.000 Dollar zur Bank bringen und stellte Schecks aus, so schnell sie es in ihrer Aufregung konnte. Wenn eine Frau um Erfolg bittet und sich aber auf Misserfolg einstellt, wird sie in die Situation geraten, auf die sie sich vorbereitet hat.

Zum Beispiel kam eine Frau zu mir und bat mich, Fürsprache dafür zu halten, dass eine Schuld getilgt würde. Ich fand heraus, dass sie damit beschäftigt war, sich zu überlegen, was sie der Frau sagen würde, wenn sie die Rechnung nicht würde bezahlen können, und dadurch die Kraft meiner Worte aufhob. Sie hätte sich vorstellen müssen, wie sie die Rechnung bezahlt.

Das illustriert auf wunderbare Weise die Geschichte von den drei Königen in der Bibel. Als sie ohne Wasser für ihre Männer und Pferde in der Wüste waren, fragten sie den Propheten Elias um Rat, der ihnen folgende rätselhafte Botschaft übermittelte: »Denn so spricht der

Herr: ›Ihr werdet weder Wind noch Regen sehen; doch durchzieht dieses Tal mit Gräben.‹«

Eine Frau muss sich vorbereiten auf das, worum sie gebeten hat, *wenn noch nicht das leiseste Anzeichen davon zu erkennen ist.* Zum Beispiel wollte eine Frau in New York unbedingt in dem Jahr nach einer Wohnung suchen, als es eine große Wohnungsnot gab. Eine Wohnung zu finden, galt fast als ausgeschlossen, und ihre Freunde bedauerten sie und sagten: »Zu dumm, jetzt musst du deine Möbel einlagern und im Hotel wohnen.« Sie antwortete: »*Ihr müsst mich nicht bedauern. Ich bin eine starke Frau, und ich werde eine Wohnung finden.*«

Sie sprach die Worte: »Unendlicher Geist, mache den Weg frei für die passende Wohnung.« Sie wusste, dass jede Bitte erhört wird. Sie erwog, neue Bettdecken zu kaufen, als sie vom feindlichen Denken, der Verstandesebene, in Versuchung geführt wurde, die vorschlug: »Kaufe die Decken nicht, vielleicht bekommst du keine Wohnung und hast dann keine Verwendung dafür.« Sofort erwiderte sie sich selbst: »Ich ziehe meine Gräben und kaufe die Decken!« So bereitete sie sich auf die Wohnung vor – und tat, als habe sie bereits eine.

Auf wundersame Weise bekam sie eine Wohnung, für die es noch zweihundert Mitbewerber gab; denn sie hatte ihren Glauben bekundet.

Es erübrigt sich zu sagen, dass die Gräben, die die drei Könige in der Wüste aushoben, bald überflutet waren (nachzulesen im Zweiten Buch der Könige).

Für den normalen Menschen ist es nicht einfach, auf die spirituelle Ebene überzuwechseln. Aus dem Unterbewusstsein meldet sich immer wieder das feindliche Denken mit Zweifeln und Ängsten zu Wort. Sie sind die »Armee der Fremdlinge«, die in die Flucht geschlagen werden müssen. Das erklärt, warum es oft »vor der Morgendämmerung am dunkelsten« ist.

Einer großen Glaubensdemonstration gehen häufig quälende Gedanken voraus.

Indem man eine Aussage von hohem geistigen Wahrheitsgehalt macht, fordert man die alten Überzeugungen im Unterbewusstsein heraus; der »Irrtum wird offen gelegt«, um verbannt zu werden.

Bekräftige deine Überzeugungen immer wieder. Zeige Freude und Dankbarkeit dafür, dass du schon beschenkt worden bist: »Ich antworte, noch bevor ihr nach mir ruft.« Das bedeutet, dass »jedes gute und vollkommene Geschenk« schon deines ist und deiner Anerkennung harrt.

Eine Frau kann nur empfangen, was sie innerlich bereits in Empfang genommen hat.

Den Kindern Israels wurde gesagt, sie könnten alles Land haben, so weit ihr Auge reiche. Das ist die Wahrheit jeder Frau. Ihr ist nur das Land ihrer eigenen Vision sicher. Jedes große Werk konnte nur verwirklicht werden, weil an einer Vision festgehalten wurde, und oft wird sich noch unmittelbar vor der Vollendung Angst vor dem Scheitern und Mutlosigkeit breitmachen.

Als sie das Gelobte Land erreichten, wollten die Kinder Israels es nicht betreten, aus Angst vor Riesen, mit denen es angeblich bewohnt war und die ihnen das Gefühl gaben, nur mehr Heuschrecken zu sein. »Wir sahen dort auch Riesen [...] und wir waren in unsern Augen wie Heuschrecken.« Das ist die Erfahrung fast jeder Frau.

Jede Frau aber, die das Gesetz des Geistes kennt, bleibt unberührt vom äußeren Schein und empfindet Freude, während sie »noch gefangen ist«, das heißt, während sie an ihrer Vision festhält und dankt, dass das Ende erreicht ist; sie hat empfangen.

Jesus Christus hat dafür ein wunderbares Beispiel gegeben. Er sagte zu seinen Jüngern: »Sagt ihr nicht selber: Es sind noch vier Monate, dann kommt die Ernte? Siehe, ich sage euch: Hebt eure Augen auf und seht auf die Felder, denn sie sind reif zur Ernte.« Seine klare Sicht drang durch die »Welt des Stofflichen« und Er sah die vierdimensionale Welt, so wie die Dinge wirklich sind, vollkommen und vollständig nach der göttlichen Vorstellung. So muss eine Frau immer an der Vision vom Ende ihrer Reise festhalten und darum bitten, dass das, was sie bereits empfangen hat, sich manifestieren möge, ob es sich nun um Gesundheit, Liebe, Unterstützung, Selbstverwirklichung, ein Zuhause oder Freunde handelt.

All dies sind vollendete und vollkommene Vorstellungen, die im göttlichen Geist (dem Überbewusstsein einer jeden Frau) registriert sind und nicht etwa zu ihr, sondern *durch* sie kommen müssen.

Eine Frau zum Beispiel suchte mich auf und bat mich um eine Behandlung für mehr Erfolg. Sie musste innerhalb einer bestimmten Zeit 50.000 Dollar für ihre Firma auftreiben. Die Frist war fast abgelaufen, als sie verzweifelt zu mir kam. Niemand wollte in ihr Unternehmen investieren, und die Bank hatte ein Darlehen glattweg abgelehnt. Ich sagte zu ihr: »Ich nehme an, dass Sie in der Bank wütend geworden sind und dadurch Ihre Kraft verloren haben. Sie haben jede Situation im Griff, wenn Sie sich selbst im Griff haben. Gehen Sie zur Bank zurück«, fügte ich hinzu, »während ich sie behandle.« Meine Behandlung war die Folgende: »Du bist in Liebe verbunden mit dem Geist jedes Menschen, der mit der Bank in Verbindung steht. Möge die göttliche Idee aus der Situation entstehen.«

Sie antwortete: »Sie reden von einem Ding der Unmöglichkeit. Heute ist Samstag, die Bank schließt um zwölf, und mit dem nächsten Zug bin ich vor zehn Uhr nicht dort. Morgen läuft die Frist ab. Und sie werden es sowieso nicht tun. Es ist zu spät.«

Ich antwortete ihr: »Gott braucht keine Zeit, und es ist nie zu spät. Mit Gott ist alles möglich. Ich verstehe nichts vom Geschäftemachen, aber ich weiß alles über Gott.« Sie erwiderte: »Das klingt alles gut und schön, wenn ich hier sitze, aber wenn ich wieder draußen bin, ist alles entsetzlich.«

Sie lebte weit weg, und eine Woche lang hörte ich nichts von ihr. Dann erhielt ich einen Brief, darin stand: »Sie hatten Recht. Ich habe das Geld aufgetrieben und werde nie mehr an der Wahrheit dessen zweifeln, was Sie mir gesagt haben.«

Ein paar Wochen später sah ich sie und fragte: »Wie war es? Anscheinend hatten Sie ja doch Zeit genug!« Sie antwortete: »Mein Zug hatte Verspätung, und ich kam erst um viertel vor zwölf dort an. Ich betrat die Bank ganz ruhig und sagte: ›Ich komme wegen des Darlehens‹, und sie bewilligten es mir ohne weitere Fragen.«

Es waren die letzten fünfzehn Minuten ihrer Frist, und der Unendliche Geist hatte sich nicht verspätet. In diesem Fall hätte die Frau ihre Demonstration niemals allein schaffen können. Sie brauchte jemanden, der ihr half, an ihrer Vision festzuhalten. Das ist es, was eine Frau für eine andere tun kann.

Jesus Christus wusste um diese Wahrheit, als er sagte: »Wenn zwei unter euch eins werden auf Erden, worum sie bitten wollen, so soll es ihnen widerfahren von meinem Vater im Himmel.« Eine Frau, die keinen Abstand zu den eigenen Dingen hat, fängt an zu zweifeln und sich zu sorgen.

Die Freundin oder »Heilerin« kann Erfolg, Gesundheit oder Glück klar erkennen und schwankt nie, weil sie weniger involviert ist. Es ist viel leichter, etwas für jemand anderen darzulegen. Deshalb sollte man auch nicht zögern, um Hilfe zu bitten, wenn man unsicher ist.

Ein kluger Beobachter hat einmal gesagt: »Keine Frau kann scheitern, wenn jemand anderer sie als erfolgreich sieht.«

Das ist die Kraft der Vision, und viele große Frauen verdanken ihren Erfolg einem Partner, einer Schwester, einem Lehrer oder einer Freundin, die oder der an sie geglaubt hat und ohne zu schwanken am vollkommenen Muster festgehalten hat.

Eure Worte sprechen euch frei,
und eure Worte verdammen euch.

KAPITEL 3

Die Macht des Wortes

Wer um die Macht des Wortes weiß, wird im Gespräch sehr vorsichtig. Man muss nur die Reaktion auf die eigenen Worte beobachten, um zu wissen, dass sie keine leeren Hülsen sind. Durch ihr gesprochenes Wort schafft sich eine Frau kontinuierlich ihre eigenen Gesetze.

Ich kannte eine Frau, die sagte: »Ständig verpasse ich ein Taxi. Immer fährt es gerade an, wenn ich angelaufen komme.« Ihre Tochter sagte: »Ich erwische immer ein Taxi. Es kommt immer eines, sobald ich darauf warte.« Das ging so über Jahre. Jede hatte ihr eigenes Gesetz entwickelt, ein Gesetz des Scheiterns und ein Gesetz des Erfolgs. Das ist die Psychologie des Aberglaubens.

Das Hufeisen und sonstige Glücksbringer enthalten an sich keine Kraft, aber das gesprochene Wort einer Frau und der Glaube an seine Glück bringende Wirkung schaffen eine Erwartungshaltung im Unterbewusstsein und führen so eine glückliche Situation herbei. Ich bin dennoch der Ansicht, dass dies bei einer Frau, die eine spirituelle Entwicklung hinter sich hat und höhere Gesetzmäßigkeiten kennt, nicht mehr funktioniert. Man kann das Rad nicht zurückdrehen und muss »Götzenbilder« verbannen.

Zum Beispiel hatten zwei Frauen in meinem Unterricht beruflich über Monate hinweg großen Erfolg, als ihnen plötzlich der Bankrott drohte. Wir versuchten, die Situation zu analysieren, und ich fand heraus, dass sich beide, statt ihren Glauben zu bekräftigen und auf den Gott für Erfolg und Prosperität zu setzen, Glücksbringer in Gestalt eines Affen gekauft hatten. Ich sagte: »Wie ich sehe, vertraut ihr auf Affen statt auf Gott. Tut sie weg und ruft das Gesetz der Vergebung an«, denn eine Frau hat die Macht, sich ihre Fehler zu vergeben oder deren Wirkung aufzuheben.

Sie beschlossen, ihre Glücksbringer in einen Kohlenschacht zu werfen, und alles lief wieder gut. Was jedoch nicht heißt, dass man jedes Glücksmotiv und jedes Hufeisen über dem Eingang entfernen müsste, aber man muss anerkennen, dass dahinter einzig die Kraft Gottes steht, und dass der Gegenstand lediglich eine Erwartungshaltung schafft.

Eines Tages war ich mit einer Freundin zusammen, die vollkommen verzweifelt war. Als wir die Straße überquerten, hob sie ein Hufeisen auf. Sofort war sie voller Hoffnung und Freude. Sie sagte, Gott habe ihr das Hufeisen geschickt, damit sie wieder Mut fasse.

Zu dem Zeitpunkt war dies tatsächlich das Einzige, was sie bewusst wahrnehmen konnte. Aus ihrer Hoffnung wurde Glaube, und zuletzt kam es zu einer wunderschönen Demonstration. Während die zuvor erwähnten Frauen sich allein von den Affen abhängig gemacht hatten, erkannte diese Frau die Kraft, die hinter dem Hufeisen stand.

Aus eigener Erfahrung weiß ich, dass ich lange gebraucht habe, um mich von dem Glauben zu befreien, dass bestimmte Umstände immer mit einer Enttäuschung verbunden sein müssten. Wenn sie sich einstellten, war ich unweigerlich enttäuscht. Ich wusste, dass ich das Unterbewusstsein nur ändern könnte, indem ich versicherte, dass es »nicht zwei Mächte gibt, sondern nur die eine Macht Gottes, und es deshalb auch keine Enttäuschungen gibt, und das ist eine schöne Überraschung.« Ich bemerkte sofort eine Veränderung, und regelmäßig wurde ich angenehm überrascht.

Ich habe eine Freundin, die sagte, dass nichts in der Welt sie bewegen könne, unter einer Leiter durchzugehen. Ich sagte: »Wenn du Angst hast, überlässt du dich dem Glauben an zwei Mächte, das Gute und das Böse, statt dich an einen einzigen Glauben zu halten. Da Gott etwas Absolutes ist, kann es keine widersprüchliche Macht geben, außer, eine Frau bildet sich das Böse selbst ein. Wenn du zeigen willst, dass du nur an die eine Macht Gottes glaubst, und das Böse keine Macht und keine Wirklichkeit besitzt, laufe unter der nächsten Leiter durch, die du siehst.«

Kurze Zeit später ging sie zu ihrer Bank. Sie wollte ihr Bankschließfach im Tresorraum öffnen, und ihr stand eine Leiter im Weg. Es war nicht möglich, das Schließfach zu erreichen, ohne unter der Leiter durchzugehen. Sie zitterte vor Angst und wich zurück. Sie mochte sich dem Ungetüm nicht stellen. Als sie wieder auf der Straße stand, hatte sie meine Worte im Ohr und beschloss, zurückzugehen und unter der Leiter durchzugehen. Es war ein entscheidender Moment in ihrem Leben, denn die Angst vor Leitern hielt sie seit Jahren gefangen. Sie ging in den Tresorraum zurück – und die Leiter war verschwunden! Solche Dinge geschehen oft. Man ist bereit, etwas zu tun, was einem Angst macht, und schon muss man es nicht mehr tun.

Das ist das Gesetz von der Aufgabe innerer Widerstände, das so oft falsch verstanden wird.

Jemand hat einmal gesagt, im Mut zeige sich Genie und Magie. Begegnet man einer Situation ohne Furcht, muss man sich ihr nicht mehr stellen; sie hat sich aufgelöst.

Die Erklärung ist, dass Furcht die Leiter angezogen hatte, und sie durch Furchtlosigkeit aus dem Weg geräumt wurde.

So arbeiten die unsichtbaren Kräfte zuverlässig für eine Frau, die stets »das Ruder in der Hand« hält, auch wenn sie es nicht weiß. Durch die Schwingungskräfte der Worte zieht sie alles an, was sie einmal ausgesprochen hat. Menschen, die regelmäßig von Krankheiten sprechen, ziehen sie unweigerlich an.

Wenn eine Frau diese Wahrheit kennt, kann sie ihre Worte gar nicht genügend abwägen. Ich habe zum Beispiel eine Freundin, die am Telefon oft sagt: »Komm doch vorbei und lass uns plaudern wie in guten alten Zeiten!« »Wie in guten alten Zeiten« bedeutet, 500 bis 1.000 destruktive Worte binnen einer Stunde, wobei die Hauptthemen Verlust, Mangel, Scheitern und Krankheit sind.

Ich antworte: »Nein, danke. Solche Plaudereien habe ich zur Genüge gehabt. Sie kommen einen zu teuer zu stehen. Aber ich würde gern mit dir darüber plaudern, was wir wollen und nicht darüber, was wir nicht wollen.« Ein altes Sprichwort sagt, dass eine Frau sich ihrer Worte für dreierlei Zwecke bedienen soll: um »zu heilen, zu loben und erfolgreich zu sein«. Was eine Frau über andere sagt, wird auch über sie gesagt werden, und was sie anderen wünscht, wünscht sie für sich selbst.

»Flüche fallen auf denjenigen zurück, der sie ausspricht.«

Wenn eine Frau jemandem Unglück wünscht, zieht sie dieses Unglück selbst an. Wenn sie jemandem Erfolg wünscht, wird sie selbst erfolgreich sein.

Durch das gesprochene Wort und die klare Vision kann ein Körper sich regenerieren und verwandeln, und Krankheit kann vollständig aus dem Bewusstsein verbannt werden. Metaphysiker wissen, dass jede Krankheit eine mentale Komponente hat, und man, um den Körper zu heilen, zunächst die »Seele heilen« muss.

Die Seele ist der unbewusste Geist, und sie muss vor falschem Denken »beschützt« werden.

Im 23. Psalm lesen wir: »Er erquicket meine Seele.« Das heißt, dass der unterbewusste Geist oder die Seele mit den richtigen Vorstellungen erquickt werden muss; die »mystische Vereinigung« ist die von Seele und Geist oder unterbewusstem und überbewusstem Geist. Sie müssen eins sein. Wenn die vollkommenen Vorstellungen des Überbewusstseins das Unterbewusstsein durchströmen, sind Gott und die Frau eins: »Ich und der Vater sind eins.« Das heißt, sie verfügt über die Sphäre der vollkommenen Vorstellungen; sie ist eine Frau nach Gottes Abbild und hat Macht über alle Dinge der Schöpfung, über den Geist, den Körper und sämtliche Angelegenheiten ihres Lebens.

Man kann ohne weiteres behaupten, dass Krankheiten und Unglück dadurch verursacht werden, dass das Gesetz der Liebe verletzt wird. Ich nenne euch ein weiteres Gebot: »Liebet einander«, denn im Spiel des Lebens machen Liebe und Wohlwollen jeden Stich.

Zum Beispiel kenne ich eine Frau, die jahrelang an einer furchtbaren Hautkrankheit litt. Die Ärzte sagten ihr, die Krankheit sei nicht heilbar. Sie war verzweifelt, denn sie war Theaterschauspielerin und fürchtete, ihren Beruf, der ihr Lebensunterhalt war, bald an den Nagel hängen zu müssen. Dennoch bekam sie ein gutes Engagement und hatte bei der Premiere einen Riesenerfolg. Die Kritiker waren sehr angetan, und sie war stolz und glücklich. Am nächsten Tag wurde ihr ein Entlassungsschreiben überreicht. Eine Frau im Besetzungsbüro neidete ihr den Erfolg und hatte dafür gesorgt, dass sie gehen musste.

Sie spürte, wie Wut und Hass sich ihrer bemächtigten und rief aus: »O Gott, mach, dass ich diese Frau nicht hasse!« In der Nacht arbeitete sie über Stunden daran.

Sie sagte: »Schon bald war ich in eine tiefe Stille eingetaucht. Ich schien mit mir und der Frau und der ganzen Welt im Reinen. In den beiden darauf folgenden Nächten machte ich es genauso, und am dritten Tag stellte ich fest, dass meine Hautkrankheit komplett geheilt war!« Indem sie um Liebe und Wohlwollen bat, hatte sie das Gesetz erfüllt (»denn Liebe ist die Erfüllung des Gesetzes«), und die Krankheit (die von ihrer unbewussten Wut herrührte) war gebannt.

Ständige Kritik ruft rheumatische Erkrankungen hervor, denn Kritik und misstönende Gedanken verursachen unnatürliche Ablagerungen im Blut, die sich in den Gelenken festsetzen.

Wucherungen wie Krebs, Tumore und Zysten werden durch Eifersucht, Hass, Unversöhnlichkeit, Angst usw. ausgelöst. Jede Krankheit wird durch einen befangenen Geist hervorgerufen. Unversöhnlichkeit ist die verbreitetste Krankheitsursache. Sie verhärtet Arterien und die Leber und beeinträchtigt die Sehfähigkeit. Sie verursacht unendlich viel Übel.

Ich habe einmal eine Frau besucht, die sagte, sie sei krank, weil sie eine schlechte Auster gegessen habe. Ich antwortete: »Die Auster war harmlos, *Sie* haben sie vergiftet! Was beschäftigt Sie?« Sie sagte: »Neunzehn Personen.« Sie lag mit 19 Menschen im Streit und war so unausgeglichen, dass sie die falsche Auster angezogen hatte.

Jede äußere Disharmonie deutet auf eine mentale Unausgeglichenheit hin: »Das Äußere ist der Spiegel der Seele«.

Die einzigen Feinde einer Frau liegen in ihrem Innern. »Und die Widersacher einer Frau finden sich in ihrem eigenen Haus.« Die eigene Persönlichkeit ist einer der letzten Feinde, die es zu überwinden gilt, da dieser Planet die ersten Schritte in Richtung Liebe unternimmt. Das war die Botschaft Christi: »Friede auf Erden bei den Menschen seines Wohlgefallens.« Die erleuchtete Frau strebt deshalb danach, sich gegenüber dem Nächsten in Vervollkommnung zu üben. Sie arbeitet an sich, um alle mit Wohlwollen und Gnade zu bedenken. Und das Wunderbare daran ist: Bedenkt man seinen angeblichen Feind mit Segnungen, kann diese Person einem keinen Schaden mehr zufügen.

Zum Beispiel kam eine Frau zu mir, die wegen ihres beruflichen Erfolgs behandelt werden wollte. Sie verkaufte Maschinen und fürchtete, eine Konkurrentin habe ein besseres Modell auf den Markt gebracht. Die Frau hatte Angst vor Niederlagen. Ich sagte: »Als Erstes müssen wir die Angst vertreiben und uns klar machen, dass Gott Ihre Interessen verteidigt und die göttliche Vorstellung aus der Situation ersteht. Das heißt, die richtige Maschine wird dem richtigen Kunden von der richtigen Frau verkauft.« Und ich fügte hinzu: »Halten Sie an keinem einzigen kritischen Gedanken dieser Frau gegenüber fest! Segnen Sie sie jeden Tag, und seien Sie bereit, Ihre Maschine nicht zu verkaufen, wenn es nicht der göttlichen Vorstellung entspricht.« Angstfrei und ohne inneren Widerstand begab sie sich also zu dem Termin und wünschte der anderen Frau Glück. Sie sagte, das Ergebnis sei erstaunlich gewesen. Die Maschine der Frau habe nicht funktioniert, und sie habe ihre ohne Schwierigkeiten verkauft. »Ich aber sage euch, liebet eure Feinde, segnet die, die euch verdammen, tut denen Gutes, die euch hassen, und betet für diejenigen, die sich eurer in böser Absicht bedienen und euch quälen.«

Wohlwollen schenkt der Person, die es aussendet, eine schützende Aura: »Keine Waffe, die gegen sie gerichtet ist, soll zum Ziel führen.« Mit anderen Worten: Liebe und Wohlwollen zerstören die Feinde im eigenen Innern und sorgen so dafür, dass man auch keine äußeren Feinde mehr hat.

Friede auf Erden wird der Frau zuteil,
die allen mit Wohlwollen begegnet!

Leiste dem Bösen keinen Widerstand.
Lass dich vom Bösen nicht besiegen,
sondern besiege es durch das Gute.

Kapitel 4

Das Gesetz von der Aufgabe innerer Widerstände

Nichts auf Erden kann einem Menschen widerstehen, der keinen Widerstand zeigt. Die Chinesen sagen, Wasser sei das mächtigste Element, weil es keinerlei Widerstand kennt. Es kann einen Felsen abtragen und alles mit sich fortreißen.

Jesus Christus sagt: »Wehre dich nicht gegen das Böse«, denn er wusste, dass es das Böse in Wirklichkeit nicht gibt und jeder Widerstand sich deshalb erübrigt. Das Böse kommt aus der »vergeblichen Vorstellung« oder dem Glauben an zwei Mächte, das Gute und das Böse.

Das Böse ist also ein falsches Gesetz, das sich die Menschen durch ihre schlafende Seele selbst erschaffen haben. Schlafende Seele bedeutet, dass die Seele einer Gesellschaft durch den Glauben an Sünde, Krankheit, Tod usw. hypnotisiert wurde, durch weltliche oder Tod bringende Gedanken also, und sich ihre Täuschung in äußeren Umständen widerspiegelt.

Im vorangegangenen Kapitel haben wir erfahren, dass die Seele der Gesellschaft das Unterbewusste aller Menschen ist, und dass dieser zuverlässige Diener alles, was tief empfunden wird, ob gut oder böse, zum Ausdruck bringt. Der Körper einer Frau und ihre Verhältnisse sind ein Spiegel ihrer Vorstellungen. Die kranke Frau hat sich Krankheit vorgestellt, die arme Frau Armut, die reiche Frau Wohlstand.

Oft fragen die Menschen: »Warum zieht ein kleines Kind Krankheiten an, wo es doch noch nicht weiß, was das bedeutet?« Ich antworte, dass Kinder sensibel sind und empfänglich für die Gedanken, die sich andere über sie machen, und häufig die Ängste der Eltern widerspiegeln.

Ein Metaphysiker hat einmal gesagt: »Wenn man sein Unterbewusstsein nicht selbst kontrolliert, kontrolliert es ein anderer.« Eltern ziehen unbewusst oft Krankheit und Elend für ihre Kinder an, weil sie in Gedanken an sie ständig Ängste haben und nach Symptomen Ausschau halten.

Zum Beispiel fragte eine Freundin eine Frau, ob ihre kleine Tochter schon die Masern gehabt habe. Sie antwortete: »Noch nicht!« Das heißt, dass sie die Krankheit erwartete und so den Weg frei machte für das, was sie sich selbst und ihrem Kind nicht wünschte.

Die Frau aber, die ausgeglichen ist und im richtigen Denken erprobt, die alle nur mit Wohlwollen bedenkt und furchtlos ist, kann *durch negative Gedanken anderer nicht berührt oder beeinflusst werden.* Sie kann im Grunde nur gute Gedanken empfangen, weil sie selbst auch nur gute Gedanken aussendet. Widerstände sind wie die Hölle, weil sie die Menschen in einem »Zustand der Qual« gefangen halten.

Ein Metaphysiker gab mir einmal einen wunderbaren Rat dafür, wie das Spiel des Lebens jederzeit gelingt, es ist die Preisgabe der Widerstände in höchster Vollkommenheit. Er sagte: »Früher habe ich Kinder getauft, und natürlich hatten sie viele Namen. Jetzt taufe ich keine Kinder mehr, sondern Ereignisse, und ich gebe jedem Ereignis denselben Namen. Wenn ich scheitere, nenne ich es ›Erfolg‹, im Namen des Vaters, des Sohnes und des Heiligen Geistes!«

Darin erkennen wir das große Gesetz der Verwandlung, das auf der Aufgabe der inneren Widerstände beruht. Durch sein gesprochenes Wort wurde jedes Scheitern in einen Erfolg verwandelt.

Zum Beispiel war eine Frau, die sich Geld wünschte und das spirituelle Gesetz des Überflusses kannte, beruflich an jemanden gebunden, der ihr das Gefühl gab, sehr arm zu sein. Diese Person redete über Mangel und Einschränkung, und nach und nach befielen sie diese Gedanken an die eigene Armut, so dass sie einen Widerwillen gegen die Person entwickelte und ihr die Schuld für ihr Scheitern gab. Sie wusste, dass sie, um ihre Bitte zu bekunden, zunächst das Gefühl haben musste, sie *habe empfangen – ein Gefühl des Überflusses muss dieser Bekundung vorausgehen.*

Eines Tages dämmerte ihr, dass sie sich innerlich gegen die Situation wehrte und zwei Mächte statt einer sah. Also segnete sie die Person und gab der Situation den Namen »Erfolg!«. Sie bekundete: »Da es nur die Macht Gottes gibt, ist diese Person zu meinem Glück und meinem Wohlergehen da (was sie eben nicht zu sein schien). Danach begegnete sie *durch diese Person* einer Frau, die ihr für einen erwiesenen Dienst mehrere Tausend Dollar gab. Ihr früherer Kompagnon zog in eine entfernte Stadt und verschwand ohne Auseinandersetzungen aus ihrem Leben.

Formulieren Sie laut: »Jeder Mensch ist ein goldenes Glied in der Kette meines persönlichen Wohles, denn alle Menschen sind eine Manifestation Gottes und *warten auf die Gelegenheiten, die durch andere entstehen, um dem göttlichen Plan ihres Lebens zu dienen.*«

»Segne deine Feinde, und du beraubst sie ihrer Munition.« Ihre Pfeile werden sich in Segnungen verwandeln. Das Gesetz gilt für Nationen genauso wie für Individuen. Segne eine Nation, bedenke jeden ihrer Einwohner mit Liebe und Wohlwollen, und sie wird ihrer Macht beraubt, Schaden zuzufügen.

Eine Frau kann nur durch spirituelles Verständnis eine richtige Vorstellung davon entwickeln, wie sie ihre Widerstände aufgeben kann. Meine Schülerinnen haben oft gesagt: »Ich will kein Fußabtreter sein!« Ich antwortete: »Wenn ihr eure Widerstände wirklich aufgebt, wird niemand je über euch hinweggehen können.«

Ein anderes Beispiel: Eines Tages wartete ich ungeduldig auf ein wichtiges Telefonat. Ich nahm kein anderes

Gespräch entgegen und telefonierte meinerseits nicht, um das erwartete Gespräch nicht zu verhindern. Statt mir zu sagen: »Göttliche Vorstellungen geraten nie in Widerstreit, der Anruf wird zur rechten Zeit erfolgen« und damit die unendliche Weisheit walten zu lassen, begann ich, die Dinge selbst in die Hand zu nehmen und blieb angespannt und ängstlich. Das Telefon klingelte rund eine Stunde lang nicht, und als ich einen flüchtigen Blick darauf warf, stellte ich fest, dass es nicht angeschlossen und die Leitung unterbrochen war. Meine Unruhe und die Angst, irgendetwas könne dazwischen kommen, hatten das Telefon komplett lahmgelegt. Als mir klar wurde, was ich angerichtet hatte, begann ich die Situation sofort zu preisen: Ich nannte sie einen »Erfolg« und bekundete: »Ich kann keinen einzigen Anruf verpassen, der mir gemäß dem göttlichen Recht zusteht; denn mir wird Gnade zuteil.«

Ein Nachbar verständigte die Telefongesellschaft und bat darum, die Leitung wiederherzustellen. Was umgehend geschah. Zwei Minuten später erhielt ich einen sehr wichtigen Anruf, und rund eine Stunde später erfolgte das Gespräch, das ich erwartet hatte.

Solange eine Frau sich gegen eine Situation zur Wehr setzt, wird diese sie nicht mehr loslassen. Wenn sie vor ihr wegläuft, wird sie ihr hinterherlaufen.

Das sagte ich zum Beispiel eines Tages zu einer Frau, und diese erwiderte: »Wie wahr! Ich war bei mir zu Hause unglücklich, ich mochte meine Mutter nicht, die sehr kritisch und dominant war. Ich lief weg und heiratete, aber ich heiratete meine Mutter, denn mein Ehemann war genauso wie sie, und so war ich wieder in der gleichen Situation.«

»Komme mit deinen Widersachern schnell überein!«

Das bedeutet, dass die feindliche Situation gut ist; bleibt man von ihr unbeeindruckt, löst sie sich von selbst auf.

Grund für eine unharmonische Situation ist eine Disharmonie, die bei der Frau selbst liegt. Wenn es in ihr keine emotionale Antwort auf eine unharmonische Situation gibt, verflüchtigt sich diese.

Oft habe ich gehört: »Behandeln Sie so, dass sich mein Mann oder meine Freunde ändern.« Ich antworte stets: »Nein, ich behandle *Sie*; denn wenn Sie sich ändern, ändern sich auch Ihr Mann und Ihre Freunde.«

Eine meiner Schülerinnen hatte die Angewohnheit zu lügen. Ich sagte ihr, dass dieser Weg zum Scheitern verurteilt sei und sie, wenn sie lügen würde, auch von anderen belogen würde. Sie antwortete: »Das macht mir nichts, ich glaube, ich komme ohne Lügen nicht aus.«

Eines Tages telefonierte sie mit einem Mann, in den sie sehr verliebt war. Sie wandte sich an mich und sagte: »Ich traue ihm nicht, ich weiß, dass er mich belügt.« Ich erwiderte: »Du lügst selbst, also wirst du auch belogen, und du kannst dir sicher sein, dass es genau die Person ist, von der du die Wahrheit hören willst.« Kurze Zeit später sah ich sie, und sie sagte: »Ich bin vom Lügen geheilt.«

Ich fragte, was dazu geführt habe. Sie sagte: »Ich habe mit einem Zimmermädchen zusammengelebt, das noch viel mehr gelogen hat als ich!«

Oft wird man dadurch geheilt, dass man die eigenen Fehler bei anderen entdeckt. Das Leben ist ein Spiegel, und wir finden uns in unseren Mitmenschen wieder.

In der Vergangenheit zu leben, ist der falsche Weg; dadurch wird das spirituelle Gesetz verletzt.

Jesus Christus hat gesagt: »Wahrlich, die Zeit ist gekommen. Der Tag der Erlösung ist da.«

Lots Frau blickte zurück und erstarrte zur Salzsäule.

Vergangenheit und Zukunft sind Zeitdiebe. Wenn eine Frau von ihrer Vergangenheit geknechtet wird, sollte sie sie segnen und vergessen. Und in dem Wissen, dass die Zukunft unendliche Freuden für sie bereithält, sollte sie auch die Zukunft segnen und *ganz in der Gegenwart* leben.

Zum Beispiel kam eine Frau zu mir und klagte, sie habe kein Geld, um Weihnachtsgeschenke zu kaufen. Sie sagte: »Im letzten Jahr war alles ganz anders; ich hatte genug Geld und habe lauter schöne Geschenke besorgt, und dieses Jahr habe ich kaum einen Cent.«

Ich erwiderte: »Sie werden niemals Geld anziehen, wenn sie wehmütig sind und in der Vergangenheit leben. Leben Sie ganz und gar im Jetzt, und bereiten Sie sich darauf vor, Weihnachtsgeschenke zu machen. Heben Sie Ihre Gräben aus, und das Geld wird kommen.« Sie rief: »Ich weiß, was ich tun kann! Ich werde etwas Lametta besorgen, Weihnachtsstempel und Geschenkpapier.«

Das zeugte von Furchtlosigkeit in Geldangelegenheiten und vom Glauben an Gott, da der Verstand sagte: »Spare jeden Cent, da du nicht weißt, wann du wieder an Geld kommst.«

Sie kaufte Stempel, Papier und Lametta und erhielt ein paar Tage vor Weihnachten ein Geschenk über mehrere Hundert Dollar. Der Kauf der Stempel und des sonstigen Zubehörs hatte im Unterbewusstsein eine Erwartungshaltung erzeugt und den Weg dafür frei gemacht, dass das Geld manifest werden konnte. In aller Ruhe konnte sie ihre Geschenke besorgen.

Eine Frau muss im Augenblick leben.

»Daher schaut wachsam auf diesen Tag! Das ist der Morgengruß.«

Sei spirituell wach, warte immer auf Zeichen, die dir gelten, und nutze jede Gelegenheit.

Eines Tages sagte ich immer wieder still vor mich hin: »Unendlicher Geist, lass mich keinen Stich versäumen.« Am Abend wurde mir etwas sehr Wichtiges gesagt. Es ist unerlässlich, den Tag mit den richtigen Worten zu beginnen.

Bekunde etwas, gleich nachdem du aufwachst.

Zum Beispiel: »Der heutige Tag gehört dir! Es ist ein Tag der Vervollkommnung. Ich danke für diesen perfekten Tag, ein Wunder folgt auf das nächste und sie nehmen kein Ende.« Mache dir das zur täglichen Gewohnheit, und du wirst erleben, wie Wunder in dein Leben kommen.

Eines Morgens griff ich nach einem Buch und las: »Betrachte staunend die Dinge vor deinen Augen.« Es schien meine Botschaft für diesen Tag zu sein; also wiederholte ich sie wieder und wieder: »Betrachte staunend die Dinge vor deinen Augen.«

Gegen Mittag erhielt ich einen beträchtlichen Geldbetrag, den ich mir für einen bestimmten Zweck erhofft hatte.

In einem der nachfolgenden Kapitel werde ich Bekundungen auflisten, die sich für mich als höchst nützlich erwiesen haben. Man soll von einer Bekundung allerdings erst dann Gebrauch machen, wenn sie für das eigene Bewusstsein absolut befriedigend und überzeugend ist. Oft werden sie auch verändert, damit sie auf die jeweilige Person passen.

Die folgende Bekundung zum Beispiel hat schon vielen Erfolg gebracht: »Auf wunderbare Weise habe ich wunderbare Arbeit, ich leiste wunderbare Dienste für wunderbaren Lohn.« Sie enthält eine kraftvolle Aussage, da gute Arbeit schließlich auch immer gut bezahlt sein sollte. Meine Schülerin sang sie laut vor sich hin und erhielt auf wunderbare Weise wunderbare Arbeit und leistete wunderbare Dienste für wunderbaren Lohn.

Eine andere Schülerin von mir, eine Geschäftsfrau, tauschte das Wort »Arbeit« gegen »Geschäfte« aus. Noch am selben Nachmittag machte sie einen Geschäftsabschluss über 41.000 Dollar, obwohl ihre Firma monatelang ohne Auftrag gewesen war.

Jede Bekundung muss mit Bedacht formuliert werden, um umfassend zu wirken.

Zum Beispiel kenne ich eine Frau, die in großer Not war und nach Arbeit suchte. Sie bekam viel Arbeit, wurde aber nie bezahlt. Sie weiß jetzt, dass sie die beiden letzten Zeilen nicht vergessen darf.

»Ihr Leben sollte ausgefüllt sein und ihr Becher überlaufen.« Das ist Gottes Vorstellung für alle Menschen, und wenn sie in ihrem eigenen Bewusstsein die Schranken des Mangels niederreißen, beginnt für sie das Goldene Zeitalter und jeder gerechte Wunsch ihrer Herzen wird erfüllt.

Überfluss ist das göttliche Recht eines jeden.
Mehr als nur genug!

*»Was immer eine Frau aussät,
das wird sie auch ernten.«*

Kapitel 5

Das Gesetz vom Karma und das Gesetz der Vergebung

Eine Frau kann nur empfangen, was sie auch gibt. Das Spiel des Lebens funktioniert wie ein Bumerang. Die Gedanken, Taten und Worte einer Frau kommen früher oder später mit erstaunlicher Präzision zu ihr zurück. Das ist das Gesetz vom Karma, das im Sanskrit für *Wiederkehr* steht.

Zum Beispiel erzählte mir eine Freundin ihre Geschichte, die das gut veranschaulicht. Sie sagte: »Mein Karma kommt von meiner Tante. Was ich ihr auch sage, sagt jemand anderer zu mir. Zu Hause bin ich oft gereizt, und eines Tages habe ich zu meiner Tante, die beim Essen mit mir redete, gesagt: ›Schluss jetzt, ich möchte in Ruhe essen.‹ Tags darauf war ich mit jemandem beim Essen, auf den ich Eindruck machen wollte. Ich redete angeregt, als er sagte: ›Schluss jetzt, ich möchte in Ruhe essen!‹« Diese Freundin hat einen hohen Bewusstseinszustand, so dass ihr Karma schneller zu ihr zurückkehrt, als dies bei Verstandesmenschen der Fall ist.

Je mehr eine Frau weiß, desto mehr Verantwortung hat sie, und ein Mensch, der über das spirituelle Gesetz Bescheid weiß, das er nicht praktiziert, leidet infolgedessen sehr. »Die Furcht vor dem Herrn (Gesetz) ist der Beginn der Weisheit.« Wenn wir anstelle von Herr *Gesetz* lesen, werden etliche Bibelstellen verständlicher.

»Die Rache ist mein, ich übe Vergeltung, sagte der Herr (das Gesetz).« Das Gesetz übt Vergeltung, nicht Gott. Gott betrachtet eine Frau als vollkommen, »geschaffen nach Gottes Abbild (Vorstellung)« und mit »Macht und Herrschaft ausgestattet«.

Das ist die Idealvorstellung von der Frau, die im göttlichen Geist angelegt ist und darauf wartet, von der Frau anerkannt zu werden; denn eine Frau kann nur das sein, als das sie sich selbst sieht, und nur das erreichen, was sie selbst als erreichbar ansieht.

»Nichts geschieht, ohne dass jemand zusieht«, heißt es in einem alten Sprichwort.

Eine Frau sieht ihren Erfolg oder ihr Scheitern, ihre Freude oder ihren Kummer zunächst auf der Bühne ihrer eigenen Vorstellung, bevor sie sich übertragen und sichtbar werden. Das sehen wir bei der Mutter, die sich ihr Kind krank vorstellt, oder bei der Frau, die ihren Mann erfolgreich sieht.

Jesus Christus sagt: »Und ihr sollt die Wahrheit sehen, und die Wahrheit wird euch frei machen.« Wir sehen also, dass Befreiung (von allen unglücklichen Umständen) durch das Wissen kommt – das Wissen um das spirituelle Gesetz.

Gehorsam geht der Autorität voraus, und das Gesetz gehorcht einer Frau, wenn sie dem Gesetz gehorcht. Das Gesetz vom Stromkreislauf muss beachtet werden, wenn es dienlich sein soll. Wenn Unwissenheit im Spiel ist, kann es zum tödlichen Feind werden. *So verhält es sich auch mit den Gesetzen des Geistes!*

Zum Beispiel wollte eine sehr willensstarke Frau ein Haus haben, das einer Bekannten gehörte, und stellte sich deshalb oft vor, sie würde in dem Haus wohnen. Irgendwann starb die Besitzerin, und sie zog in das Haus ein. Jahre später, als sie das spirituelle Gesetz kennen lernte, sagte sie zu mir: »Glauben Sie, ich hatte irgendetwas mit dem Tod der Frau zu tun?« Ich erwiderte: »Ja, Ihr Wunsch war so stark, dass alle Kräfte darauf gerichtet waren, aber Sie haben Ihre karmische Schuld gesühnt. Ihr Mann, den Sie aufrichtig liebten, starb kurze Zeit später, und das Haus war für Sie auf Jahre hinaus ein kostspieliger Besitz.«

Die ursprüngliche Besitzerin aber wäre von ihren Gedanken nicht getroffen worden, wenn sie und ihr Mann in der Wahrheit positiv geblieben wären, doch unterlagen beide dem karmischen Gesetz. Die Frau hätte, als sie ihren starken Wunsch verspürte, sagen sollen: »Unendliche Weisheit, gib' mir das richtige Haus, das genauso schön ist wie dieses, das Haus, *das gemäß dem göttlichen Recht meines ist.*«

Die göttliche Wahl hätte alle zufrieden gestellt. Das göttliche Vorbild ist das einzig verlässliche Vorbild.

Begehren ist eine enorme Kraft und muss in die richtigen Kanäle gelenkt werden, weil sonst Chaos entsteht. Bei der Demonstration ist der *erste Schritt* der wichtigste, denn man muss *um das Richtige bitten*. Eine Frau, sollte immer nur um das bitten, was ihr gemäß dem *göttlichen Recht* zusteht.

Kommen wir auf das Beispiel zurück. Hätte die Frau folgende Haltung gehabt: »Wenn dieses Haus, das ich gerne hätte, meines ist, kann ich es nicht verlieren; wenn nicht, gib' mir seine Entsprechung«, so hätte die Besitzerin vielleicht im völligen Einklang mit sich beschlossen auszuziehen (wenn das der göttlichen Wahl für sie entsprochen hätte), oder ein anderes Haus wäre stattdessen gefunden worden. Alles, was durch persönlichen Willen gezwungen ist, manifest zu werden, ist immer unredlich erworben, und ihm ist kein Erfolg beschieden.

Eine Frau wird gewarnt: »Mein Wille geschehe, nicht deiner«, und das Eigenartige ist, dass eine Frau immer das bekommt, was sie sich wünscht, wenn sie ihren persönlichen Willen zurückstellt und dadurch die Unendliche Weisheit durch sie hindurch wirken kann.

»Stehet still und sehet die Erlösung durch den Herrn (das Gesetz).«

Zum Beispiel kam eine Frau in großer Not zu mir. Ihre Tochter hatte beschlossen, eine sehr gewagte Reise zu machen, und die Mutter war besorgt. Sie sagte, sie habe jedes Argument vorgebracht und auf alle Gefahren hingewiesen, sie habe ihr auch verboten zu fahren, aber die Tochter würde immer rebellischer und entschlossener.

Ich sagte zu der Mutter: »Sie zwingen Ihrer Tochter Ihren persönlichen Willen auf, wozu Sie kein Recht haben, und Ihre Angst vor der Reise zieht das Unheil an, denn eine Frau zieht das an, was sie fürchtet.« Ich fügte hinzu: »Lassen Sie die Dinge geschehen, und ziehen Sie sich innerlich zurück; überlassen Sie es Gott, und sprechen Sie Folgendes: ›Ich lege diese Situation in die Hände der Unendlichen Liebe und Weisheit; wenn diese Reise dem göttlichen Plan entspricht, segne ich sie und wehre mich nicht länger gegen sie; entspricht sie ihm aber nicht, danke ich, dass die Situation sich nun aufgelöst hat und vorübergeht.‹«

Ein oder zwei Tage später sagte ihre Tochter zu ihr: »Mutter, ich habe die Reise abgesagt«, und die Situation wurde in das »ursprüngliche Nichts« zurückgeführt. »Stillstand« scheint Frauen besonders schwer zu fallen. In dem Kapitel über die Preisgabe der inneren Widerstände bin ich auf dieses Gesetz näher eingegangen.

Von einem anderen, höchst eigenartigen Beispiel des Säens und Erntens berichte ich nun.

Eine Frau kam zu mir und sagte, sie habe in der Bank einen gefälschten 20-Dollar-Schein erhalten. Sie war sehr aufgeregt und sagte: »Die Leute in der Bank werden niemals zugeben, dass es ihr Fehler war.«

Ich erwiderte: »Lassen Sie uns die Situation analysieren und herausfinden, wie Sie sie angezogen haben.« Sie dachte kurz nach und rief dann: »Ich weiß es, ich habe einem Freund einen Haufen Spielgeld geschickt, zum Spaß!« Das Gesetz schickte ihr also ebenfalls Spielgeld, denn Spaß ist ihm fremd. Ich sagte: »Jetzt können wir das Gesetz der Vergebung anrufen und die Situation unwirksam machen.«

Das Christentum gründet sich auf das Gesetz der Vergebung; Christus hat uns von der Verdammnis des karmischen Gesetzes erlöst, er ist in jeder Frau und erlöst sie von allen unharmonischen Zuständen.

Ich sagte also: »Unendlicher Geist, wir rufen das Gesetz der Vergebung an und danken, dass ihr Gnade zuteil wird und sie die 20 Dollar, die gemäß dem göttlichen Recht ihr gehören, nicht verlieren kann.«

Ich fuhr fort: »Jetzt gehen Sie zurück zur Bank und sagen ohne Angst, dass man Ihnen das Geld versehentlich gegeben hat.« Sie tat es, und zu ihrer Überraschung entschuldigte man sich in aller Höflichkeit und gab ihr eine andere Banknote. Das Wissen um das Gesetz gibt einer Frau die Macht, »ihre Fehler auszulöschen«.

Wenn eine Frau sich Reichtümer wünscht, muss sie zunächst in ihrem Bewusstsein reich sein.

Zum Beispiel kam eine Frau zu mir und bat mich um eine Behandlung für Wohlstand. Sie kümmerte sich nicht sonderlich um ihren Haushalt, der in großer Unordnung war.

Ich sagte zu ihr: »Wenn Sie reich sein wollen, müssen Sie ordentlich sein. Menschen, die in großem Wohlstand leben, sind ordentlich, und Ordnung ist das oberste Gesetz des Himmels.« Ich fügte hinzu: »Mit einem abgebrannten Streichholz im Nadelkissen werden Sie niemals reich werden.«

Sie hatte Sinn für Humor und begann sofort, bei sich aufzuräumen. Sie stellte die Möbel um, sortierte Papiere aus, säuberte die Teppiche und hatte schon bald eine große finanzielle Demonstration: ein Geschenk eines Verwandten. Die Frau machte auch mehr aus sich selbst und blieb finanziell am Ball, indem sie immer auf ihr inneres und äußeres Wohlergehen achtete, in dem Wissen, dass Gott ihr beistand.

Viele Menschen lassen die Tatsache außer Acht, dass Geschenke und Dinge Investitionen sind, und Sammeln und Horten unweigerlich zu Verlust führt.

»Da liegt es zerstreut und wird doch mehr; und da wird zurückgehalten, mehr als angemessen, und es läuft doch auf Armut hinaus.«

Zum Beispiel kenne ich eine Frau, die einen teuren Mantel kaufen wollte. Sie ging in mehrere Geschäfte, doch keiner gefiel ihr; sie sahen ihr alle zu billig aus. Zuletzt zeigte ihr ein Verkäufer einen Mantel, der über 1.000 Dollar kostete, den der Geschäftsführer ihr jedoch für die Hälfte überließ, weil die Saison zu Ende ging.

Damals besaß sie insgesamt 700 Dollar. Der Verstand hätte gesagt: »Du kannst es dir nicht leisten, fast dein ganzes Geld für diesen Mantel auszugeben«, doch war sie sehr intuitiv und ging nie nach ihrem Verstand.

Sie dachte kurz nach und sagte: »Wenn ich diesen Mantel bekomme, werde ich Geld wie Heu verdienen.« Und sie kaufte ihn sich.

Rund einen Monat später erhielt sie einen Auftrag über 10.000 Dollar. In dem Mantel fühlte sie sich reich, er stellte die Verbindung zu Erfolg und Wohlstand her. Ohne den Mantel hätte sie den Auftrag nicht bekommen. Es war eine Investition mit hoher Dividende! Wenn eine Frau nicht sieht, wann die Gelegenheit zum Geben und Ausgeben günstig ist, fließt der entsprechende Geldbetrag in uninteressante Dinge, die nicht glücklich machen.

Zum Beispiel gab eine Frau an Thanksgiving ihrer Familie bekannt, dass es kein Festmahl geben würde. Sie hatte genügend Geld, wollte es aber sparen. Ein paar Tage später nahm jemand das Geld aus ihrer Schreibtischschublade – genau so viel, wie auch ein Essen gekostet hätte. Das Gesetz steht immer hinter der Frau, die ihr Geld furchtlos, aber weise ausgibt.

Zum Beispiel ging eine meiner Schülerinnen mit ihrem kleinen Neffen einkaufen. Das Kind wollte ein Spielzeug; sie sagte, sie könne es sich nicht leisten.

Plötzlich wurde ihr bewusst, dass sie den Mangel im Blick hatte und nicht erkannte, dass Gott für sie aufkam! Sie kaufte das Spielzeug und fand unterwegs auf dem Heimweg Geld auf der Straße – *genau so viel, wie sie für das Spielzeug ausgegeben hatte.*

Eine Frau wird grenzenlos und zuverlässig unterstützt, wenn sie Vertrauen hat; Vertrauen und Glauben müssen der Demonstration vorausgehen. »Gemäß deinem Glauben sei es dein. Glaube ist die Substanz der Dinge, die man sich erhofft, das Zeichen für die Dinge, die man nicht sieht«. Denn der Glaube hält die Vision aufrecht; die feindlichen Bilder werden aufgelöst und vertrieben, und »zur passenden Zeit werden wir ernten, was wir nicht zu ernten hofften«.

Jesus Christus brachte die gute Botschaft, dass es ein höheres Gesetz als das karmische gibt, dass dieses Gesetz dem karmischen überlegen ist. Es ist das Gesetz der Gnade oder Vergebung. Es ist das Gesetz, *das eine Frau von dem Gesetz von Ursache und Wirkung befreit.*

Auf dieser Ebene, so erfahren wir, erntet eine Frau, was sie gesät hat; die Geschenke Gottes werden über sie ausgeschüttet. »Alles, was das Königreich zu bieten hat, ist ihres.« Dieser dauerhafte Zustand der Glückseligkeit erwartet die Frau, die das diesseitige Denken überwunden hat. Diesseitiges Denken verursacht Trübsal; Jesus Christus aber sagt: »Seid guten Mutes, denn ich habe die Welt überwunden.« Diesseitige Gedanken sind die von Sünde, Krankheit und Tod. Jesus sah, wie unwirklich sie waren, und sagte, Krankheit und Trauer sollten vergehen, und der Tod selbst, der letzte Feind, überwunden werden.

Wir sind nun auch wissenschaftlich darüber informiert, dass der Tod dadurch überwunden werden kann, dass das Unterbewusstsein durch die Überzeugung von ewiger Jugend und ewigem Leben geprägt wird. Das Unterbewusstsein, das nur ungelenkte Kraft ist, *führt Befehle aus, ohne Fragen zu stellen.*

Unter der Führung des Überbewusstseins (Christus oder Gott in allen Dingen) vollzieht sich die »Wiederauferstehung des Körpers«.

Eine Frau wird ihren Körper nicht mehr durch den Tod ablegen. Er wird sich in den »body electric« verwandeln, den Walt Whitman besungen hat, denn das Christentum gründet sich auf die Vergebung der Sünden und »ein leeres Grab«.

Niemand kann äußerlich erzwingen,
was er innerlich nicht ist.

Eine Last ist ein
feindlicher Gedanke oder Zustand,
und dieser Gedanke oder Zustand
wurzelt im Unterbewusstsein.

Kapitel 6

Die Last abwerfen
oder:
Wie man das Unterbewusstsein prägt

Wenn eine Frau ihre eigenen Kräfte kennt und weiß, wie ihr Geist funktioniert, möchte sie einen einfachen und schnellen Weg finden, um ihr Unterbewusstsein erfolgreich zu prägen, denn das intellektuelle Wissen um die Wahrheit wird keine Ergebnisse bringen. Ich selbst habe die Erfahrung gemacht, dass der einfachste Weg darin bestand, die *Last abzuwerfen*.

Ein Metaphysiker hat es einmal folgendermaßen erklärt: »Das Einzige, was allem in der Natur Gewicht gibt, ist das Gesetz der Erdanziehung. Würde man einen Felsbrocken hoch über den Planeten heben, hätte er kein Gewicht mehr, und das ist es, was Jesus Christus meinte, als er sagte: ›Denn mein Joch ist sanft, und meine Last ist leicht.‹« Er hatte den Gedanken an Vergängliches überwunden und war auf der vierten Bewusstseinsebene, auf der es nur Vollendung, Erfüllung, Leben und Freude gibt.

Er hat gesagt: »Kommt her zu mir, alle, die ihr mühselig und beladen seid. [...] Nehmt auf euch mein Joch und lernt von mir; [...] so werdet ihr Ruhe finden für eure Seelen. Denn mein Joch ist sanft, und meine Last ist leicht.«

Im 55. Psalm werden wir aufgefordert: »Wirf dein Anliegen auf den Herrn«. An vielen Stellen in der Bibel heißt es, dass der *Kampf die Sache Gottes* ist und eine Frau immer still verharren und auf die Erlösung durch den Herrn warten soll.

Das deutet darauf hin, dass das Überbewusstsein (oder Christus im Innern) der Ort ist, an dem der Kampf ausgefochten und die Last gelindert wird. Deshalb verstößt eine Frau auch gegen das Gesetz, wenn sie eine Last trägt. Eine Last ist ein feindlicher Gedanke oder Zustand, und dieser Gedanke oder Zustand wurzelt im Unterbewusstsein.

Es scheint so gut wie unmöglich, das Unterbewusstsein durch den bewussten Geist oder den Verstand lenken zu wollen, denn der Verstand (oder Intellekt) ist in seinen Auffassungen beschränkt und mit Zweifeln und Ängsten erfüllt.

Systematisch geht man hingegen vor, wenn man die Last auf das Überbewusstsein (oder Christus im Innern) lädt, wo sie »leicht wird« oder sich in ihr »ursprüngliches Nichts« auflöst.

Zum Beispiel lud eine Frau, die dringend Geld brauchte, ihre Last auf Christus in ihrem Innern, das Überbewusstsein, und bekundete: »Ich lade diese Last des

Mangels auf Christus (im Innern) ab und werde dafür frei, im Überfluss zu empfangen!« Der Glaube an den Mangel war ihre Last, und als sie diese mit ihrem Glauben an Überfluss an das Überbewusstsein abgab, wurde sie im Überfluss versorgt. Wir lesen: »Christus in dir, die Hoffnung auf Herrlichkeit.«

Ein anderes Beispiel: Eine meiner Schülerinnen bekam ein neues Klavier geschenkt, aber in ihrem Apartment war kein Platz, bevor sie das alte nicht entfernt hatte. Sie war ratlos. Sie wollte das alte Klavier behalten, wusste aber nicht, wo sie es unterstellen könnte. Sie wurde immer verzweifelter, denn das neue Klavier sollte sofort geliefert werden und war sogar schon unterwegs. Ihr sei daraufhin dieser Satz gekommen, den sie mehrfach wiederholt habe: »Ich lege diese Last auf Christus in mir und werde frei.« Wenige Augenblicke später klingelte das Telefon, und eine Freundin fragte, ob sie ihr altes Klavier mieten könne. Wenige Minuten, bevor das neue eintraf, wurde das alte hinausgetragen.

Ich kannte ein Frau, deren Last Verdruss war. Sie sagte: »Ich lege diese Last des Verdrusses auf Christus in mir und werde frei, um in Liebe harmonisch und glücklich zu leben.« Das Allmächtige Überbewusstsein überflutete das Unterbewusstsein mit Liebe, und ihr ganzes Leben veränderte sich. Jahrelang hatte ihr Unmut sie gequält und ihre Seele (das Unterbewusstsein) gefangen gehalten. Die Bekundung sollte oft wiederholt werden, manchmal über mehrere Stunden am Stück, laut oder leise, ruhig und entschlossen. Ich habe das oft mit dem Aufziehen einer alten Uhr verglichen. So müssen wir es mit gesprochenen Worten bei uns handhaben.

Ich habe die Feststellung gemacht, dass man durch das Abwerfen der Last nach einer Weile klarer sieht. Man kann aber keine klaren Visionen haben, wenn der diesseitige Geist mit Zweifeln und Ängsten Körper und Geist vergiftet, die Phantasie überflutet und Unheil und Krankheit anzieht. Durch das stetige Wiederholen der Bekundung – »Ich lege diese Last auf Christus in mir und werde frei« – wird die Sicht frei, man fühlt sich erleichtert, und früher oder später kommt es zur *Manifestation des Guten, ob in Form von Gesundheit, Glück oder Unterstützung*.

Eine meiner Schülerinnen bat mich einmal zu erklären, was es mit der »Dunkelheit vor der Dämmerung« auf sich habe. In einem vorangegangenen Kapitel habe ich erwähnt, dass vor einer großen Demonstration oft alles »schief« zu gehen scheint und das Bewusstsein durch größte Verzweiflung getrübt wird. Das bedeutet, dass aus dem Unterbewusstsein Urzweifel und Urängste nach außen dringen. Dieses Treibgut kommt an die Oberfläche, um aus dem Weg geräumt zu werden.

Dann sollte eine Frau wie Jehoschaphat die Becken aufeinanderschlagen und dafür danken, dass sie errettet wurde, auch wenn sie von Feinden umgeben scheint (dem Zustand des Mangels oder einer Krankheit). Die Schülerin fragte weiter: »Wie lange muss man in der Dunkelheit bleiben?«, und ich antwortete: »Bis man in der Dunkelheit sehen kann«, denn »wenn man die Last abgeworfen hat, kann man in der Dunkelheit sehen«.

Um das Unterbewusstsein zu prägen, braucht man immer aktiven Glauben.

»Ein Glaube, an dem man nicht arbeitet, ist ein toter Glaube.« In den vorangegangenen Kapiteln habe ich mich bemüht, diesen Punkt hervorzuheben. Jesus Christus zeigte aktiven Glauben, als er die Menge aufforderte, sich zu setzen, bevor er für Brotlaibe und Fisch dankte.

Ich möchte ein weiteres Beispiel erwähnen, um zu zeigen, dass dieser Weg unverzichtbar ist. Aktiver Glaube ist die Brücke, über die eine Frau in ihr Gelobtes Land gelangt. Wegen eines Missverständnisses war es zwischen einer Frau und ihrer Partnerin, die sie inständig liebte, zur Trennung gekommen. Die Partnerin wies alle Versöhnungsangebote zurück und kommunizierte überhaupt nicht mehr mit ihr.

Nachdem die andere Frau das spirituelle Gesetz kennen gelernt hatte, weigerte sie sich, die Trennung als gegeben anzuerkennen. Sie bekundete Folgendes: »Es gibt keine Trennung im göttlichen Geist, deshalb kann ich auch nicht von der Liebe und Kameradschaft getrennt werden, die mir gemäß dem göttlichen Recht zustehen.«

Sie zeigte aktiven Glauben, indem sie weiterhin täglich an ihre Partnerin dachte und dadurch das Unterbewusstsein mit dem Bild von deren Rückkehr prägte. Über ein Jahr verging, doch sie schwankte nie, und eines Tages kam ihre Partnerin zur Tür herein.

Oft wird das Unterbewusstsein durch Musik geprägt. Musik bewegt sich in der vierten Dimension und befreit die Seele. Sie erweckt den Eindruck, dass wunderbare Dinge möglich und leicht zu vollenden sind.

Ich habe eine Freundin, die aus diesem Grund täglich Musik hört. Sie versetzt sie in einen Zustand vollkommener Harmonie und lässt ihrer Phantasie freien Lauf. Eine andere Frau tanzt oft, während sie ihre Bekundungen macht. Durch die Bewegung in Verbindung mit dem Rhythmus und der Harmonie der Musik bekommen ihre Worte ungeheure Kraft.

Eine Schülerin muss auch lernen, einen »Tag der kleinen Dinge« nicht gering zu schätzen. Vor einer Demonstration kommt unweigerlich »Land« in Sicht. Bevor Kolumbus Amerika erreichte, sah er Vögel und Geäst, was ihm zeigte, dass das Festland nah war. So ist es auch mit einer Demonstration; oft aber hält eine Schülerin es für die Demonstration selbst und ist enttäuscht.

Zum Beispiel sprach eine Frau eine Fürbitte für Geschirr, das sie sich wünschte. Kurze Zeit später gab ihr eine Freundin eine alte Platte, die Sprünge hatte. Sie kam zu mir und sagte: »Ich hatte um Geschirr gebeten und bekomme eine gesprungene Platte.«

Ich erwiderte: »Die Platte ist nur ein Zeichen dafür, dass Land in Sicht ist. Sie zeigt dir, dass das Geschirr unterwegs ist. Sieh in ihr die Vögel und das Strandgut.« Kurz darauf traf das Geschirr ein.

Der kontinuierliche Glaube an eine Sache prägt das Unterbewusstsein. Wenn eine Frau daran glaubt, reich und erfolgreich zu sein, wird sie »zur angemessenen Zeit ernten«. Kinder haben diesen Glauben, und »nur wenn ihr euch bekehrt und werdet wie Kinder, gelangt ihr in das himmlische Königreich«.

Zum Beispiel kenne ich eine Frau, die sehr arm war, doch niemand hätte ihr das *Gefühl* geben können, arm zu sein. Sie bekam etwas Geld von reichen Freunden, die sie immer an ihre Armut erinnerten und zu Sparsamkeit anhielten. Ungeachtet dieser Ermahnungen konnte sie sämtliche Ersparnisse für einen Hut ausgeben oder jemandem ein Geschenk machen, denn sie war immer leidenschaftlich. Ihre Gedanken kreisten immer um schöne Kleidung und Schmuck, allerdings ohne jede Art von Neid.

Sie lebte in einer Wunderwelt; nur Reichtümer kamen ihr wirklich vor. Vor langer Zeit hat sie einen reichen Mann geheiratet, und Kleidung und Schmuck wurden manifest. Ich weiß nicht, ob der Mann der göttlichen Wahl entsprach, aber Überfluss musste sich in ihrem Leben manifestieren, da sie sich nur Überfluss vorgestellt hatte.

Für eine Frau gibt es keinen Frieden und kein Glück, bis sie nicht alle Furcht aus dem Unterbewusstsein verbannt hat. Furcht ist fehlgeleitete Energie und muss umgelenkt oder in Glauben umgewandelt werden. Jesus Christus hat gesagt: »Ihr Kleingläubigen, warum seid ihr so furchtsam? Alles ist möglich für denjenigen, der glaubt.«

Oft werde ich von Schülerinnen gefragt: »Wie werde ich meine Angst los?« Ich antworte: »Indem du auf das zugehst, wovor du Angst hast. Der Löwe ist furchtlos, weil du ihn fürchtest. Gehst du auf den Löwen zu, läuft er weg. Läufst du weg, läuft er hinter dir her.« In den vorangegangenen Kapiteln habe ich gezeigt, wie der Mangel sich verflüchtigt, wenn Geld ohne Furcht ausgegeben wird und dadurch der Glaube manifestiert wird, dass Gott unerschöpflich Unterstützung gewährt.

Viele meiner Schülerinnen haben die Sklaverei der Armut hinter sich gelassen und sind jetzt großzügig versorgt, weil sie alle Angst verloren haben, es könne ihnen an Geld mangeln. Das Unterbewusstsein ist geprägt von der Wahrheit, dass Gott der Schenkende und das Geschenk ist; da man eins ist mit dem Schenkenden, ist man auch eins mit dem Geschenk. Eine herrliche Bekundung ist die folgende: »Jetzt danke ich dem schenkenden Gott für das Geschenk Gottes.«

Wenn eine Frau sich wegen ihrer Gedanken an Trennung und Mangel lange von allem Guten und aller Unterstützung abgeschnitten hat, können diese falschen Vorstellungen manchmal nur durch ein entscheidendes Ereignis aus dem Unterbewusstsein verdrängt werden.

Anhand der folgenden Zeilen können wir nachvollziehen, wie man sich, indem man Furchtlosigkeit zeigt, aus der Knechtschaft befreit. Beobachte dich stündlich und finde heraus, ob Angst oder Glaube dein Antrieb ist. Vielleicht ist deine Angst eine Sache der Persönlichkeit. Dann meide nicht diejenigen, die du fürchtest; sei bereit, ihnen freundlich zu begegnen, und sie werden sich entweder als »goldenes Glied in der Kette des Guten« erweisen oder ohne Missklang weichen. Vielleicht fürchtest du dich vor Krankheiten und Krankheitserregern.

Dann solltest du dich in einer Situation mit hoher Ansteckungsgefahr furchtlos und ungestört bewegen, und du wirst immun sein. Erreger übertragen sich nur auf eine Frau, die sich im gleichen Schwingungszustand wie die Erreger befindet, und Angst versetzt sie in diesen niedrigeren Schwingungszustand. Natürlich ist der krankheitsübertragende Keim ein Produkt diesseitigen Denkens, denn jeder Gedanke muss sich vergegenständlichen. Im Überbewusstsein des göttlichen Geistes existieren keine Erreger; sie sind deshalb das Produkt »vergeblicher Vorstellungen«. Eine Frau wird auf Anhieb erlöst sein, wenn sie erkennt, dass *das Böse keine Macht hat.*

Die materielle Welt schwindet, und die vierdimensionale Welt, die »Wunderwelt«, wird manifest. »Und ich sah einen neuen Himmel und eine neue Erde – und es wird dort keinen Tod noch Kummer oder Tränen oder weiteren Schmerz geben; denn die früheren Dinge sind entschwunden.«

Entscheide noch heute, wem du dienen willst,
der Angst oder dem Glauben.

Wahre Liebe ist selbstlos
und frei von Angst.

Kapitel 7

Liebe

Jede Frau auf diesem Planeten erhält ihre Liebesinitiation. »Ich gebe euch ein neues Gebot, das lautet, liebet einander.« In *Tertium Organum* bezeichnet Ouspensky die Liebe als »kosmisches Phänomen«, das die vierdimensionale Welt eröffnet, die »Wunderwelt«.

Wahre Liebe ist selbstlos und frei von Angst. Wahre Liebe ergießt sich über das Objekt der Zuneigung, ohne eine Gegenleistung zu erwarten. Ihre Freude liegt in der Freude am Geben. Liebe ist Gott in Manifestation und die stärkste Anziehungskraft im Universum. Reine, uneigennützige Liebe findet ihre Entsprechung von allein; sie muss weder suchen noch bitten. Kaum jemand hat die geringste Vorstellung von wahrer Liebe. Wenn Menschen egoistisch, tyrannisch oder ängstlich in ihrer Zuneigung sind, verlieren sie, was sie lieben. Eifersucht ist der schlimmste Feind der Liebe, denn wenn man annimmt, der geliebte Mensch fühle sich zu einem anderen hingezogen, steigert man sich leicht in etwas hinein, und diese Ängste nehmen unweigerlich Gestalt an, wenn man sie nicht unwirksam macht.

Zum Beispiel kam eine Frau in tiefer Verzweiflung zu mir. Der Mann, den sie liebte – ein Kapitän – hatte sie wegen jemand anderem verlassen und ihr gesagt, er habe nie vorgehabt, sie zu heiraten. Sie war außer sich vor Eifersucht und Wut und sagte, sie wünsche ihm, er würde genauso leiden, wie er sie habe leiden lassen. Dann fügte sie hinzu: »Wie konnte er mich verlassen, wo ich ihn doch so geliebt habe?«

Ich erwiderte: »Sie lieben diesen Mann nicht, Sie hassen ihn. *Man kann nicht empfangen, was man nie gegeben hat. Schenke vollkommene Liebe, und du wirst mit vollkommener Liebe beschenkt werden.* Schenken Sie ihm vollkommene, selbstlose Liebe, die keine Gegenleistung verlangt, üben Sie keine Kritik und verurteilen Sie nicht, und *segnen Sie ihn, wo auch immer er sein mag.*«

Sie antwortete: »Nein, ich werde ihn nicht segnen, so lange ich nicht weiß, wo er ist!« »Das«, sagte ich, »ist keine wahre Liebe. Wenn Sie wahre Liebe aussenden, werden Sie mit wahrer Liebe beschenkt, von diesem Mann oder seiner Entsprechung, denn wenn diese Person nicht die göttliche Wahl ist, werden Sie ihn nicht wollen. Da Sie eins sind mit Gott, sind Sie auch eins mit der Liebe, die gemäß dem göttlichen Recht zu Ihnen gehört.«

Mehrere Monate vergingen, ohne dass sich etwas tat, aber sie arbeitete gewissenhaft an sich selbst. Ich sagte:

»Wenn seine Grausamkeit Ihnen nicht mehr zu schaffen macht, wird er nicht mehr grausam sein, denn Sie ziehen seine Grausamkeit durch Ihre Emotionen an.« Dann erzählte ich ihr von einer Bruderschaft in Indien, in der man sich nie mit »Guten Morgen« begrüßt, sondern mit den Worten »Ich grüße das Göttliche in dir«. Ihre Angehörigen begrüßten das Göttliche in jedem, auch in den wilden Tieren des Dschungels, und es wurde ihnen nie Leid zugefügt, weil sie in allem Lebendigen nur Gott sahen. Ich sagte: »Grüßen Sie das Göttliche in diesem Mann, und sagen Sie: ›Ich sehe nur dein göttliches Wesen. Ich sehe dich, wie Gott dich sieht, vollkommen nach seinem Abbild erschaffen.‹«

Sie fand, dass sie allmählich ausgeglichener wurde und ihre Wut nachließ.

Eines Tages sagte sie plötzlich: »*Gott segne ihn, wo auch immer er gerade sein mag.*«

Ich sagte: »Das ist jetzt wahre Liebe, und wenn Sie zum ›vollkommenen Kreis‹ geworden sind und die Situation Ihnen nicht mehr zu schaffen macht, werden Sie diese Liebe empfangen oder ihre Entsprechung anziehen.«

Ich zog zu der Zeit gerade um und hatte kein Telefon, hatte also ein paar Wochen lang keine Verbindung zu ihr. Eines Tages erhielt ich einen Brief, in dem stand: »Wir haben geheiratet.« Bei der ersten Gelegenheit stattete ich ihr einen Besuch ab. »Was ist passiert?«, waren meine ersten Worte.

»Oh, ein Wunder!«, rief sie aus. »Eines Morgens bin ich aufgewacht, und meine Qualen waren vorbei. Am selben Abend traf ich ihn, und er fragte mich, ob ich ihn heiraten wolle. Binnen einer Woche waren wir verheiratet, und ich habe noch nie einen hingebungsvolleren Mann erlebt.«

Ein altes Sprichwort sagt: »Niemand ist dein Feind, niemand dein Freund, jeder ist dein Lehrmeister.« Sieh also von der Person ab und begreife bei jedem Menschen, was er dich lehren soll, und bald wirst du deine Lektion gelernt haben und frei sein.

Der Liebhaber dieser Frau hatte sie gelehrt, selbstlos zu lieben, was früher oder später jeder lernen muss.

Eine Frau muss nicht leiden, um sich weiter zu entwickeln; Leiden entsteht, wenn das spirituelle Gesetz verletzt wird. Aber nur wenige Menschen scheinen ohne Leid auszukommen und von allein aus dem »Seelenschlaf« zu erwachen. Wenn Menschen glücklich sind, werden sie in der Regel egoistisch, und dann tritt automatisch das karmische Gesetz in Kraft. Menschen erleiden häufig einen Verlust, weil sie es an Anerkennung mangeln lassen.

Ich kannte eine Frau, die einen sehr netten Mann hatte, aber sie sagte oft: »Ich gebe nichts darum, verheiratet zu sein, aber das ist nichts gegen meinen Mann. Das Eheleben interessiert mich eben überhaupt nicht.« Sie hatte andere Interessen, und es war ihr kaum noch präsent, dass sie einen Mann hatte. Sie dachte nur an ihn, wenn sie ihn sah. Eines Tages teilte ihr Mann ihr mit, er habe sich in eine andere Frau verliebt, und verließ sie. Wütend und verzweifelt kam sie zu mir.

Ich sagte: »Genau darum haben Sie gebeten. Sie haben gesagt, ›ich gebe nichts darum, verheiratet zu sein‹, also hat das Unterbewusstsein in diese Richtung gewirkt.« Sie sagte: »Oh, ich verstehe. Die Menschen bekommen das, was sie wollen, und sind dann verletzt.« Bald war sie vollkommen mit der Situation im Reinen und war sich darüber im Klaren, dass sie getrennt viel glücklicher waren.

Eine Frau kam verzagt, unglücklich und mittellos zu mir. Eine enge Freundin beschäftigte sich mit Numerologie und hatte sie ausgedeutet. Anscheinend war das Ergebnis nicht erfreulich, denn die Frau sagte: »Laut meiner Freundin werde ich es nie zu etwas bringen, denn ich bin eine ›Zwei‹.«

Ich sagte: »Es ist mir egal, welches Ihre Zahl ist. Sie sind eine vollkommene Vorstellung des göttlichen Geistes, und wir werden um den Erfolg und das Wohlergehen bitten, die bereits durch die Unendliche Weisheit in Ihnen angelegt sind.« Innerhalb weniger Wochen hatte sie eine sehr gute Arbeit, und ein oder zwei Jahre später war sie eine erfolgreiche Schriftstellerin.

Keine Frau kann Geld anziehen, wenn sie es verachtet. Viele Menschen bleiben arm, weil sie sagen: »Geld bedeutet mir nichts, und ich verachte Menschen, die welches haben.« Das ist auch der Grund, weswegen viele Künstler arm sind. Ich erinnere mich, wie eine Künstlerin einmal über eine andere sagte: »Sie ist keine gute Künstlerin; sie hat ein volles Konto.« Diese Geisteshaltung trennt eine Frau natürlich von dem, was ihr Auskommen sein soll. Sie muss sich im Einklang befinden mit dem, was sie anziehen will. Geld ist die Manifestation Gottes, denn es bedeutet Befreiung von Mangel und Beschränkung, aber es muss immer zirkulieren und richtig verwendet werden. Horten und Sparen rächt sich bitterlich.

Das heißt nicht, dass eine Frau keine Häuser und Grundstücke, Aktien und Pfandbriefe haben sollte. Es heißt, dass eine Frau nicht einmal das Notwendigste sparen sollte, wenn sich eine Gelegenheit bietet, in der das Geld ausgegeben werden muss. Wenn sie es furchtlos und großzügig ausgibt, macht sie den Weg für mehr Geld frei, denn Gott ist unfehlbare und unerschöpfliche Unterstützung.

Das ist die spirituelle Haltung gegenüber Geld, und der großen Bank des Allumfassenden Geistes geht das Geld nie aus!

Ein Beispiel dafür, wozu es führt, wenn Geld gehortet wird, zeigt der Film *Gier** von Erich von Stroheim aus dem Jahr 1924. Eine Frau gewinnt 5.000 Dollar durch ein Glückslos, gibt sie aber nicht aus. Sie hortet und spart,

---

* Ein zeitgenössischeres Beispiel ist vielleicht der Film *Zwei Millionen Dollar Trinkgeld* aus dem Jahr 1994. Der Polizist, gespielt von Nicholas Cage, hat kein Trinkgeld für die Bedienung im Diner, dargestellt von Bridget Fonda. Er will nicht gehen, ohne ihr seine Wertschätzung zu zeigen, und bietet ihr an, seinen Lottogewinn mit ihr zu teilen, sollte er gewinnen. Als er tatsächlich gewinnt, verklagt ihn seine habgierige Frau, die den gesamten Gewinn beansprucht. Sie bekommt Recht. Siegerin ist sie deswegen aber noch lange nicht. Zuletzt vergeudet sie das Geld, und die Ehe geht in die Brüche. Der Polizist und die Kellnerin verlieben sich ineinander. Menschen, die es gut mit ihnen meinen, sammeln Geld für sie, und es kommt eine beträchtliche Summe zusammen. So wird der Polizist, der teilen wollte, mit Überfluss belohnt, und die Frau, die in ihrer Habgier alles besitzen wollte, verliert alles.

lässt ihren Mann leiden und schließlich völlig verwahrlosen, und zuletzt schrubbt sie Böden, um sich den Lebensunterhalt zu verdienen. Sie liebt das Geld um seiner selbst willen und stellt es über alles. Eines Nachts wird sie ermordet und das Geld gestohlen.

Das ist ein Beispiel dafür, dass »Liebe zum Geld die Wurzel allen Übels« sein kann. Geld an sich ist gut und nützlich; wenn es aber in destruktiver Weise verwendet oder gehortet oder für wichtiger erachtet wird als die Liebe, führt es zu Krankheit und Elend und geht schließlich verloren.

Begib' dich auf den Weg der Liebe, und alles andere kommt von selbst, *denn Gott ist Liebe und kommt für dich auf*; begib' dich auf den Weg des Eigennutzes und der Habgier, und du bist von Gott abgeschnitten.

Zum Beispiel kenne ich den Fall einer sehr reichen Frau, die ihr Einkommen hortete. Sie gab selten etwas weg, sondern kaufte immer wieder Dinge für sich selbst.

Sie hatte eine Schwäche für Halsketten, und ein Freund fragte sie einmal, wie viele Ketten sie habe. Es waren 67. Sie kaufte sie und legte sie dann, sorgfältig in Seidenpapier verpackt, weg. Hätte sie die Ketten benutzt, wäre es legitim gewesen; so aber verletzte sie das Gesetz des Gebrauchens. Ihre Schränke waren voll von Kleidern, die sie nie trug, und von Juwelen, die nie jemand sah.

Die Frau entwickelte eine Lähmung an den Armen, weil sie an den Dingen festhielt. Zuletzt wurde sie für unmündig erklärt, und ihr Vermögen wurde anderen übertragen.

So führen Menschen, die das Gesetz missachten, ihren eigenen Niedergang herbei.

Alle Krankheiten und alles Unglück entsteht dadurch, dass das Gesetz der Liebe verletzt wird. Hass, Wut und Kritik einer Frau kommen als Bumerang in Form von Krankheit und Trauer zu ihr zurück. Liebe scheint eine fast vergessene Kunst zu sein, aber eine Frau, die das spirituelle Gesetz kennt, weiß, dass sie wiedererobert werden muss.

Zum Beispiel hatte ich eine Schülerin, die jeden Monat zu mir kam, um sich von ihrem Unmut zu befreien. Nach einer Weile kam sie an den Punkt, an dem sie nur noch Wut gegenüber einer einzigen Frau empfand, die sie jedoch sehr beschäftigte. Nach und nach wurde sie ausgeglichener, und eines Tages war ihre Wut verschwunden. Strahlend kam sie herein und rief: »Sie können sich nicht vorstellen, wie ich mich fühle! Die Frau sagte etwas zu mir, und statt wütend zu werden, war ich freundlich, und sie entschuldigte sich und war reizend zu mir. Niemand kann nachempfinden, wie wunderbar erleichtert ich jetzt bin!«

Liebe und Wohlwollen im Berufsleben sind von unschätzbarem Wert.

Zum Beispiel kam eine Frau zu mir und beklagte sich über ihre Vorgesetzte. Sie sagte, sie sei kalt und übergenau. Die Frau wusste, dass ihre Vorgesetzte sie auf ihrem Posten nicht für die Richtige hielt.

Ich sagte: »Grüßen Sie das Göttliche in der Frau, und senden Sie ihr Liebe.«

Sie sagte: »Das kann ich nicht. Sie hat ein Herz aus Stein.«

Ich erwiderte: »Kennen Sie die Geschichte des Bildhauers, der ein bestimmtes Stück Marmor haben wollte? Man fragte ihn, warum er genau jenes Stück wollte, und er antwortete: ›Weil in dem Marmor ein Engel steckt‹, und er fertigte daraus ein wunderbares Kunstwerk.«

»Also gut«, erwiderte sie, »ich werde es versuchen.« Eine Woche später kam sie wieder und sagte: »Ich habe getan, wozu Sie mir geraten haben, und jetzt ist die Frau sehr freundlich zu mir. Sie hat mich sogar zum Essen eingeladen.«

Manchmal haben Menschen Gewissensbisse, weil sie vielleicht vor Jahren zu jemandem unfreundlich waren. Zwar kann das Unrecht nicht wieder gutgemacht werden, aber man kann die Folgen ausgleichen, indem man *in der Gegenwart* jemandem einen Gefallen erweist.

»Indem ich dies tue, vergesse ich die Dinge, die zurückliegen, und wirke auf das, was noch kommt.«

Trauer und Reue belasten jede Zelle des Körpers und vergiften die Atmosphäre.

Eine Frau sagte tief traurig zu mir: »Behandeln Sie mich, damit ich wieder glücklich und fröhlich sein kann, denn wegen meiner Traurigkeit bin ich zu Hause so gereizt, dass ich immer mehr schlechtes Karma auf mich lade.«

Ich wurde gebeten, eine Frau zu behandeln, die um ihre Tochter trauerte. Ich löste allen Glauben an Verlust und Trennung auf und bekräftigte, dass der Frau durch Gott Freude, Liebe und Frieden zuteil wurde.

Die Frau war sofort wieder im Einklang mit sich, aber ließ mir über ihren Sohn ausrichten, ich solle sie nicht länger behandeln, weil sie so glücklich war, dass es »unziemlich« sei. Der diesseitige Geist verharrt gern in Trauer und Schmerz.

Ich kannte eine Frau, die mit ihren Schwierigkeiten prahlte, und natürlich hatte sie immer etwas zu prahlen. Nach alter Vorstellung war eine Mutter, die sich nicht um ihre Kinder sorgte, keine gute Mutter. Inzwischen wissen wir aber, dass die Ängste der Mütter für viele Krankheiten und Unfälle von Kindern verantwortlich sind. Bilder der Angst lassen die befürchtete Krankheit oder Situation lebendig werden, und diese Bilder vergegenständlichen sich, wenn man sie nicht unwirksam macht.

Glücklich ist die Mutter, die aufrichtig sieht, dass sie ihr Kind in Gottes Hände gibt und deshalb weiß, dass sie göttlichen Schutz genießt.

Zum Beispiel wachte eine Frau eines Nachts plötzlich auf und spürte, dass ihr Bruder in großer Gefahr war. Statt ihren Ängsten nachzugeben, machte sie Bekundungen der Wahrheit: »Wir sind eine vollkommene Vorstellung des göttlichen Geistes und immer am richtigen Ort. Deshalb ist auch mein Bruder gerade am richtigen Ort und genießt Gottes Schutz.«

Am darauf folgenden Tag erfuhr sie, dass ihr Bruder sich in unmittelbarer Nähe einer Mine aufgehalten hatte, die explodiert war, doch den Ort wie durch ein Wunder noch rechtzeitig verlassen konnte.

Eine Frau ist also (in Gedanken) die Hüterin ihres Bruders, und jede Frau sollte wissen, dass das, was sie liebt, am »geheimen Ort des Allerhöchsten und im Schatten des Allmächtigen« weilt.

»Vollkommene Liebe vertreibt unsere Angst. Die, die fürchtet, ist nicht vollkommen in der Liebe.«

Liebe ist die Erfüllung des Gesetzes.
Begib' dich auf den Weg der Liebe.

Erkenne Gott auf jede Weise an,
und Er weist dir den Weg.

Kapitel 8

Intuition oder Führung

Eine Frau, die um die Macht ihrer Worte weiß und ihrer Intuition folgt, kann alles erreichen. Durch ihre Worte bringt sie unsichtbare Kräfte in Bewegung und kann ihren Körper regenerieren und alles, was sie betrifft, neu gestalten. Deshalb ist die Wahl der richtigen Worte von allergrößter Bedeutung, und die Schülerin wählt mit Bedacht die Bekräftigung, die sie ins Unsichtbare senden will. Sie weiß, dass Gott für sie aufkommt, dass jede Bitte erhört wird und ihr gesprochenes Wort in diese Richtung wirksam wird.

»Fragt mich, und ihr werdet empfangen.« Eine Frau muss den ersten Schritt tun. »Rücke nah an Gott heran, und Er wird nah an dich heranrücken.«

Ich bin oft gefragt worden, wie eine Demonstration genau aussieht.

Ich antworte: »Äußert euren Wunsch, und dann unternehmt nichts, bevor ihr kein endgültiges Zeichen erhalten habt. Bittet um ein Zeichen, indem ihr sagt: ›Unendlicher Geist, weise mir den Weg, lass' mich wissen, ob ich irgendetwas tun soll.‹«

Die Antwort kommt durch die Intuition (oder eine Ahnung), durch die zufällige Bemerkung von jemandem oder ein paar Zeilen in einem Buch. Und sie fällt manchmal überraschend präzise aus. Zum Beispiel wünschte sich eine Frau einen großen Geldbetrag. Sie sprach die Worte: »Unendlicher Geist, mach' den Weg frei, damit mir sofort Unterstützung gewährt wird, lass' mir alles, was mir gemäß dem göttlichen Recht zusteht, jetzt im Überfluss zukommen.« Dann fügte sie hinzu: »Gib' mir ein endgültiges Zeichen, lass' mich wissen, ob ich irgendetwas tun soll.«

Der Gedanke kam schnell: »Gib' einer bestimmten Freundin (die sie spirituell unterstützt hatte) hundert Dollar.« Sie erzählte es ihrer Freundin, die sagte: »Warte auf ein weiteres Zeichen, bevor du das Geld weitergibst.« Sie wartete also und begegnete noch am selben Tag einer Frau, die Folgendes zu ihr sagte: »Ich habe heute jemandem einen Dollar gegeben, und es war für mich genauso viel, als hätten Sie jemandem hundert gegeben.«

Das war in der Tat ein untrügliches Zeichen, und sie wusste, dass es richtig war, der Frau die hundert Dollar zu geben. Es war ein Geschenk, das sich bezahlt machte, denn kurze Zeit später erhielt sie auf bemerkenswerte Weise eine große Summe Geld. Indem man gibt, macht man den Weg frei, selbst zu empfangen. Man sollte geben, um Mittel in Umlauf zu bringen. Der alte jüdische Brauch, den Zehnten zu bezahlen, ist ein sicherer Weg, vorhandene Mittel zu mehren. Viele reiche Menschen in diesem Land [Amerika] haben es so gehandhabt, und ich habe nie die Erfahrung gemacht, dass sich diese Investition nicht gelohnt hätte.

Der Zehnte wird weitergegeben und kehrt gesegnet und vervielfacht zurück. Er muss aber mit Liebe und Freude gegeben werden, denn »Gott liebt den, der mit Freude schenkt«. Geldscheine sollten mit Freude überreicht werden, alles Geld sollte freudig und mit einem Segen versehen weitergegeben werden.

Mit dieser Geisteshaltung wird eine Frau zu einer Meisterin in Geldangelegenheiten. Wenn sie ihr folgt, kann ihr gesprochenes Wort ihr zu unendlich viel Wohlstand verhelfen.

Eine Frau schränkt die Unterstützung, die ihr gewährt wird, nur dadurch ein, indem sie sich selbst in ihren Visionen einschränkt. Manchmal hat eine Schülerin eine umfassende Vorstellung vom Wohlstand, aber Angst, zur Tat zu schreiten.

Vision und Umsetzung müssen Hand in Hand gehen, wie im Fall der Frau, die den teuren Mantel kaufte. Eine Frau kam zu mir und bat mich um Fürbitte für eine gute Arbeitsstelle. Ich sagte also: »Unendlicher Geist, mach' den Weg frei, damit diese Frau die richtige Arbeitsstelle bekommt.« Man darf nie nur um »eine Stelle« bitten, sondern muss um die *richtige* bitten, die Arbeit, die der göttliche Geist bereits als diejenige auserkoren hat, die allein Befriedigung verschafft.

Ich dankte dafür, dass sie bereits empfangen hätte und das Empfangene sich rasch manifestiere. Innerhalb kurzer Zeit wurden ihr drei Posten angeboten, zwei davon in New York und einer in Palm Beach, und sie wusste nicht, für welchen sie sich entscheiden sollte. Ich sagte: »Bitte um ein endgültiges Zeichen.«

Die Zeit war fast abgelaufen, als sie mich eines Tages anrief. »Als ich heute morgen aufgewacht bin, konnte ich Palm Beach riechen«, sagte sie. Sie war zuvor dort gewesen und kannte den milden Geruch.

Ich antwortete: »Wenn du Palm Beach bis hierher riechen kannst, ist das bestimmt dein Zeichen.« Sie nahm den Posten an, und es war ein voller Erfolg. Oft erhält man das Zeichen zu einem unerwarteten Zeitpunkt. Eines Tages lief ich die Straße hinunter und verspürte plötzlich große Lust, eine Bäckerei aufzusuchen, die ein oder zwei Häuserblocks entfernt war. Der Verstand wehrte sich und sagte: »Es gibt dort nichts, was du gern hättest.« Da ich aber gelernt habe, keine Fragen zu stellen, lief ich zur Bäckerei, sah mir alles an, und tatsächlich gab es nichts, worauf ich Lust gehabt hätte. Als ich aber den Laden verließ, begegnete ich einer Frau, an die ich oft gedacht hatte und die dringend meine Hilfe benötigte.

Oft ist man wegen einer Sache unterwegs und entdeckt dann eine andere. Intuition ist eine spirituelle Fähigkeit und erklärt nichts, sondern *weist lediglich den Weg*.

Oft erhält jemand während einer Behandlung ein Zeichen. Die Idee, die auftaucht, mag unbedeutend erscheinen, aber Gottes Zeichen sind manchmal rätselhaft.

Im Unterricht behandelte ich einmal das Thema, dass jeder Mensch ein endgültiges Zeichen erhalte. Später kam eine Frau zu mir und sagte: »Während der Stunde hatte ich eine Ahnung, dass ich meine Möbel aus dem Lager holen und mir eine Wohnung nehmen soll.« Die Frau wollte eine Behandlung für ihre Gesundheit. Ich sagte, dass ich sicher sei, eine eigene Wohnung sei ihrer Gesundheit zuträglich, und fügte hinzu: »Ich glaube, dass Ihre Verstopfung daher rührt, dass Sie Ihre Sachen verstaut haben. Sie haben das Gesetz des Gebrauchens verletzt, und Ihr Körper büßt dafür.«

Ich dankte also dafür, dass die »göttliche Ordnung in Geist, Körper und allen Angelegenheiten« wiederhergestellt war. Die Menschen haben kaum eine Vorstellung davon, wie die äußeren Umstände auf ihren Körper einwirken. Zu jeder Krankheit gibt es eine Entsprechung auf der mentalen Ebene. Eine Frau kann spontan geheilt werden, wenn sie begreift, dass ihr Körper eine vollkommene Vorstellung des göttlichen Geistes und deshalb ganz und vollkommen ist. Wenn sie jedoch ihr zerstörerisches Denken fortsetzt, hortet, hasst, sich ängstigt und verdammt, kehrt die Krankheit zurück.

Jesus Christus wusste, dass alle Krankheit von der Sünde herrührt und ermahnte den Leprakranken nach seiner Heilung, fortan nicht mehr zu sündigen, damit ihm nicht noch Schlimmeres widerfahre. Der Metaphysiker sucht immer ausgiebig nach den Entsprechungen für eine Krankheit. Um eine komplette Heilung herbeizuführen, muss die Seele (oder das Unterbewusstsein) vollkommen rein gewaschen werden.

Jesus Christus hat gesagt: »Verdammt nicht, sonst werdet ihr selbst verdammt werden ... Verurteilt nicht, sonst werdet ihr selbst verurteilt werden.«

Viele Menschen sind krank und unglücklich, weil sie andere verdammen. Was eine Frau bei anderen verdammt, zieht sie selbst an.

Zum Beispiel kam eine Freundin wütend und bekümmert zu mir, weil ihr Mann sie wegen einer anderen Frau verlassen hatte. Sie verdammte die andere Frau und sagte immer wieder: »Sie wusste, dass er ein verheirateter Mann ist, und hätte nicht auf seine Avancen eingehen dürfen.«

Ich erwiderte: »Hören Sie auf, die Frau zu verdammen, segnen Sie sie und lassen Sie die Sache hinter sich, weil Sie ansonsten dieselbe Situation anziehen.« Sie hörte nicht auf mich und verliebte sich ein oder zwei Jahre später selbst heftig in einen verheirateten Mann.

Unentschlossenheit ist bei vielem ein Stolperstein. Um sie zu überwinden, bekunden Sie wiederholt Folgendes: »Ich habe immer eine unmittelbare Eingebung. Ich treffe schnell die richtigen Entscheidungen.«

Diese Worte beeindrucken das Unterbewusstsein, und schon bald wird eine Frau sich als munter und wachsam erleben, und ohne zu zögern das Richtige tun. Ich halte es für zerstörerisch, die psychische Ebene zur Leitlinie zu machen, denn es ist die Ebene vieler Geistesverfassungen, und nicht die des »Einen Geistes«.

Wenn eine Frau ihren Geist für das Subjektive öffnet, wird sie zur Zielscheibe destruktiver Kräfte. Die psychische Ebene ist das Ergebnis unseres diesseitigen Denkens und die »Ebene der Gegensätze«. Sie kann gute und schlechte Botschaften empfangen. Numerologie und Horoskope halten die Menschen auf der mentalen (oder diesseitigen) Ebene, da sie sich ausschließlich auf den karmischen Weg beziehen.

Ich weiß von einem Mann, der seinem Horoskop zufolge schon seit Jahren tot sein müsste, aber er lebt und führt eine der größten Menschenrechtsbewegungen dieses Landes an. Man braucht einen sehr starken Geist, um der Prophezeiung von etwas Bösem zu widerstehen. Die Schülerin sollte Folgendes erklären: »Jede falsche Prophezeiung soll unwirksam sein; jeder Plan, der nicht von Gott im Himmel stammt, soll sich in Nichts auflösen. Die göttliche Vorstellung setzt sich endgültig durch.«

Hat man jedoch eine gute Botschaft – künftiges Glück oder Wohlergehen betreffend – erhalten, soll man sie hegen und ihrer Umsetzung entgegensehen, und früher oder später wird sie durch das Gesetz der Erwartung manifest.

Der Wille einer Frau sollte als Unterstützung des universellen Willens dienen: »Ich will, dass der Wille Gottes geschieht.«

Es ist Gottes Wille, jeder Frau jeden gerechten Wunsch ihres Herzens zu erfüllen, und ihr Wille sollte dazu dienen, die vollkommene Vision aufrechtzuhalten.

Der verlorene Sohn hat gesagt: »Ich werde auferstehen und zu meinem Vater zurückkehren.«

In der Tat ist es oft eine Willensanstrengung, das diesseitige Denken hinter sich zu lassen. Für den durchschnittlichen Menschen ist es viel einfacher, sich zu fürchten, statt zu glauben: *Der Glaube ist also eine Willensanstrengung.*

Wenn eine Frau spirituell erweckt ist, erkennt sie, dass jede äußere Disharmonie einer mentalen Disharmonie entspricht. Wenn sie stolpert oder fällt, weiß sie, dass sie mental über etwas gestolpert oder gefallen ist.

Eines Tages ging eine Schülerin die Straße entlang und war in Gedanken bei jemandem, den sie verdammte. Innerlich sagte sie: »Diese Frau ist die unangenehmste Frau auf der ganzen Welt«, als plötzlich drei Teenager um die Ecke schossen und sie fast umgerannt hätten. Sie verdammte die Teenager nicht, sondern rief sofort das Gesetz der Vergebung an und begrüßte das Göttliche in der Frau. Die Wege der Weisheit sind immer Wege der Freude und des Friedens.

Wenn eine Frau ihre Bitten an den Allumfassenden Geist ausgesprochen hat, muss sie auf Überraschungen gefasst sein. Es mag den Anschein haben, als gehe alles schief, dabei läuft alles, wie es laufen soll.

Zum Beispiel wurde einer Frau gesagt, dass im göttlichen Geist nichts verloren gehe und sie deshalb auch nichts verlieren könne, was ihr zustehe; alles, was verloren gehe, würde zurückgesendet oder ihr würde eine Entsprechung zuteil.

Mehrere Jahre zuvor hatte sie 2.000 Dollar verloren. Sie hatte einer Verwandten das Geld geliehen; diese war jedoch verstorben und hatte in ihrem Testament nichts von dem Geld erwähnt. Die Frau war wütend, und weil sie nichts schriftlich hatte, bekam sie das Geld nie zurück. Sie beschloss also, den Verlust nicht anzuerkennen und die 2.000 Dollar über die Bank des Allumfassenden Geistes in Empfang zu nehmen. Als Erstes musste sie der Frau vergeben, denn Wut und Unversöhnlichkeit verschließen die Türen zu dieser wunderbaren Bank.

Sie bekundete Folgendes: »Ich erkenne keinen Verlust an, denn im göttlichen Geist gibt es keinen Verlust, weswegen ich die 2.000 Dollar, die mir gemäß dem göttlichen Recht zustehen, auch nicht verlieren kann. *Kaum fällt eine Tür zu, öffnet sich eine andere.*«

Sie lebte in einem Apartmenthaus, das zum Verkauf angeboten wurde. Der Mietvertrag enthielt eine Klausel, wonach die Bewohner im Falle eines Verkaufs binnen 90 Tagen die Wohnung räumen mussten. Der Hausbesitzer setzte sich urplötzlich über den Vertrag hinweg und erhöhte die Miete. Wieder war sie mit Ungerechtigkeit konfrontiert, aber dieses Mal ließ sie sich davon nicht aus der Ruhe bringen. Sie segnete den Hausbesitzer und sagte: »Da die Miete erhöht wurde, heißt das, dass ich um diesen Betrag reicher bin, denn Gott sorgt für mein Auskommen.«

Über die im Voraus bezahlten Mieten wurden neue Verträge abgeschlossen, aber wie durch ein göttliches Wunder hatte man die 90-Tage-Klausel vergessen. Kurze

Zeit später hatte der Besitzer die Gelegenheit, das Haus zu verkaufen. Wegen des Fehlers in den neuen Mietverträgen konnten die Mieter ein weiteres Jahr dort wohnen.

Der Makler bot jedem Mieter 200 Dollar für den Fall des vorzeitigen Auszugs. Mehrere Parteien zogen aus; drei blieben, darunter auch die Frau. Ein oder zwei Monate waren vergangen, als der Makler wieder auftauchte. Dieses Mal fragte er die Frau: »Lösen Sie den Mietvertrag auf, wenn Sie als Gegenleistung 1.500 Dollar erhalten?« »Das sind die 2.000 Dollar«, schoss es ihr durch den Kopf. Sie erinnerte sich, dass sie mit befreundeten Mietern im Haus abgemacht hatte, sich zusammenzuschließen, falls sie erneut zum Auszug gedrängt werden sollten. Ihr *Zeichen* war also, die Freunde aufzusuchen.

Die Freunde sagten: »Wenn sie dir 1.500 Dollar angeboten haben, geben sie dir sicher auch 2.000.« Tatsächlich erhielt sie dafür, dass sie die Wohnung aufgab, einen Scheck über 2.000 Dollar. Das Gesetz war in bemerkenswerter Weise wirksam geworden, und die offensichtliche Ungerechtigkeit hatte lediglich den Weg für ihre Demonstration frei gemacht. Damit war bewiesen, dass nichts verloren geht, und eine Frau, die ihren spirituellen Standpunkt bezieht, alles bekommt, was ihr aus den riesigen göttlichen Beständen zusteht.

»Ich werde für die Jahre aufkommen, die die Heuschrecken vernichtet haben.« Die Heuschrecken stehen für Zweifel, Ängste, Wut und Gewissensbisse, die diesseitiges Denken verursacht. Diese feindlichen Gedanken führen die eigene Niederlage herbei, denn »eine Frau empfängt nur, was sie sich selbst gibt, und einer Frau wird nur genommen, was sie sich selbst nimmt«.

Die Menschen sind da, um Zeugnis von Gott und der Wahrheit zu geben, und das können sie nur, wenn sie Mangel in Überfluss und Ungerechtigkeit in Gerechtigkeit umwandeln. »Und prüft mich doch darin, spricht der Herr der Heerscharen, ob ich euch nicht die Fenster des Himmels öffnen und euch Segen ausgießen werde bis zum Übermaß!«

Vision und Umsetzung
müssen Hand in Hand gehen.

Für jede Frau gibt es
vollkommene Selbstverwirklichung.

KAPITEL 9

Vollkommene Selbstverwirklichung
oder:
Der göttliche Plan

Jede Frau füllt einen Platz aus, den außer ihr niemand ausfüllen kann; das ist ihre Bestimmung.

Dies ist als vollkommene Idee Teil des göttlichen Geistes und soll von jeder Frau anerkannt werden. Da die Vorstellungskraft die kreative Kraft ist, muss eine Frau die Idee erkennen, bevor sie manifest werden kann. Die größte Bitte einer Frau ist folglich die, den *göttlichen Plan ihres Lebens* verwirklicht zu sehen.

Sie hat vielleicht nicht die geringste Vorstellung davon, was es sein mag, weil möglicherweise irgendein wunderbares Talent tief im Innern verborgen ist.

Ihre Bitte sollte so lauten: »Unendlicher Geist, mach' den Weg frei, damit der göttliche Plan meines Lebens manifest werden kann; setze meine schöpferischen Kräfte jetzt frei; gib' mir den vollendeten Plan klar zu erkennen.«

Der vollendete Plan beinhaltet Gesundheit, Wohlstand, Liebe und vollkommene Selbstverwirklichung. Das ist das Quadrat des Lebens, das vollkommenes Glück in sich birgt. Wenn man diese Bitte vorgebracht hat, kommt es vielleicht zu großen Veränderungen im Leben, denn fast jede Frau hat sich weit vom göttlichen Plan entfernt. In einem Fall erlebte die Frau die Veränderungen in ihrem Berufsleben wie einen Wirbelsturm. Doch kam rasch alles wieder ins Lot; die neuen Rahmenbedingungen erwiesen sich als hervorragend.

Vollkommene Selbstverwirklichung ist niemals Mühsal, sondern vielmehr so allumfassend und spannend, dass sie fast wie ein Spiel anmutet. Die Schülerin weiß, da die Frau in eine von Gott finanzierte Welt kommt, auch, dass sie für ihre vollkommene Selbstverwirklichung immer auf Unterstützung zählen kann.

Viele hochtalentierte Frauen haben jahrelang mit finanziellen Problemen gekämpft, wo doch ihr gesprochenes Wort in Verbindung mit ihrem Glauben rasch die nötigen Mittel hätte herbeischaffen können.

Zum Beispiel kam einmal eine Frau nach dem Unterricht auf mich zu und übereichte mir einen Cent. Sie sagte: »Ich habe nur sieben Cent, und ich gebe Ihnen einen, denn ich glaube an die Kraft Ihres gesprochenen Wortes. Ich bitte Sie um Fürbitte für meine vollkommene Selbstverwirklichung und für Wohlstand.« Ich sprach die Fürbitte und sah sie ein Jahr lang nicht wieder. Eines Tages kam sie zur Tür herein; sie war erfolgreich und glücklich und hatte ein Bündel Geldscheine in der

Tasche. Sie sagte: »Gleich nach Ihrer Fürbitte wurde mir in einer Stadt weit weg von hier eine Stelle angeboten; jetzt habe ich Gesundheit, Glück und mein Auskommen.«

Eine Frau kann vollkommene Selbstverwirklichung als perfekte Mutter, Hausfrau oder Karrierefrau erfahren.

Bitte um eindeutige Zeichen, und der Weg wird einfach und erfolgreich sein.

Ein geistiges Bild sollte nicht visualisiert oder erzwungen werden. Wenn eine Frau darum bittet, dass ihr der göttliche Plan bewusst gemacht werde, wird sie Eingebungen haben und allmählich erkennen, an welch großartiger Vollendung sie teilhat. Das ist das Bild oder die Idee, an der sie ohne zu schwanken festhalten muss. Das, wonach eine Frau sucht, sucht auch nach ihr – *so wie das Telefon nach Bell gesucht hatte*!

Eltern sollten ihren Kindern nie eine Laufbahn oder einen Beruf aufzwingen. Mit dem Wissen um das spirituelle Gesetz kann der göttliche Plan allerdings schon früh in der Kindheit oder vor der Geburt formuliert werden. Eine vorgeburtliche Behandlung lautet folgendermaßen: »Gib dem Gott in diesem Kind vollkommenen Ausdruck; lass' den göttlichen Plan für Geist, Körper und alle äußeren Umstände ein Leben lang und bis in alle Ewigkeit manifest werden.« *Gottes Wille geschehe, nicht der unsere, nach Gottes Vorbild werde alles erschaffen, und nicht nach unserem* – dieses Gebot findet sich in allen Schriften, und die Bibel ist ein Buch, in dem es um die Wissenschaft des Geistes geht. Aus ihm erfahren die

Menschen, wie sie ihre Seele (oder den unterbewussten Geist) von allen Fesseln befreien können.

Die dort beschriebenen Kämpfe zeigen Menschen, die gegen diesseitiges Denken zu Felde ziehen. »Die Feinde waren im eigenen Haus.« Jeder ist wie Jehoschaphat und wie David, der Goliath (der für diesseitiges Denken steht) mit dem kleinen weißen Stein (der für den Glauben steht) erschlägt.

Eine Frau muss also Acht geben, dass sie nicht die »niederträchtige und faule Dienerin« ist, die ihr Talent zu Grabe getragen hat. Dafür, dass man keinen Gebrauch von seinen Fähigkeiten macht, zahlt man einen furchtbaren Preis. Oft steht Angst der Frau bei ihrer vollkommenen Selbstverwirklichung im Weg. Lampenfieber hat schon viele große Begabungen behindert. Das gesprochene Wort oder eine Behandlung können aber Abhilfe schaffen. Die Person tritt dann nicht mehr im Bewusstsein ihrer selbst auf, sondern empfindet sich lediglich als den Kanal, durch den die Unendliche Weisheit sich ihren Weg nach außen bahnt. Sie folgt dann ihrer unmittelbaren Eingebung, furchtlos und zuversichtlich; denn sie fühlt, dass ihr »innerer Gott« die Arbeit macht.

Ein junges Mädchen kam oft mit seiner Mutter in meinen Unterricht. Sie bat mich, für ihre bevorstehenden Prüfungen in der Schule ein gutes Wort einzulegen.

Ich sagte ihr, sie solle Folgendes bekunden: »Ich bin jemand mit Unendlicher Weisheit. Ich weiß über dieses Thema alles, was ich wissen muss.« Sie war sehr gut in Geschichte, aber Arithmetik bereitete ihr Schwierigkeiten.

Später sah ich sie, und sie sagte: »Ich habe die Fürbitte für die Arithmetikprüfung gesprochen und sie mit Bestnote bestanden. Und ich dachte, in Geschichte könnte ich mich auf mich verlassen, aber da habe ich es nur so gerade eben geschafft.« Eine Frau erleidet oft einen Rückschlag, wenn sie sich ihrer Sache zu sicher ist, was bedeutet, dass sie auf ihre Persönlichkeit zählt und nicht auf Gott in ihrem Innern.

Das bewies auch das Beispiel einer anderen Schülerin. Während eines Sommers unternahm sie eine lange Reise in viele ferne Länder, deren Sprache sie nicht sprach. Jede Minute bat sie um Führung und Schutz, und alles lief problemlos, wie durch ein Wunder. Weder ging ihr Gepäck verloren noch kam es verspätet an; die Unterkünfte in den Hotels waren immer für sie hergerichtet, und der Service war hervorragend, wohin sie auch kam. Dann kehrte sie nach New York zurück. Da sie dort die Sprache beherrschte und meinte, sie brauche Gott nun nicht mehr, machte sie alles wie gewohnt.

Doch alles lief schief; ihre Koffer trafen mit Verspätung ein, Ärger und Chaos waren die Folge. Die Schülerin musste sich angewöhnen, die Präsenz Gottes in jeder Minute zu realisieren. »Erkenne Gott in allem«, denn nichts ist zu klein oder zu groß dafür. Manchmal stellt ein unbedeutendes Ereignis den Wendepunkt im Leben einer Frau dar. So sah Robert Fulton etwa, als er kochendes Wasser in einem Teekessel beobachtete, ein Dampfschiff!

Ich habe oft erlebt, dass eine Schülerin ihre Glaubensdemonstration zurückhält und innere Widerstände zeigt.

Sie lenkt ihren Glauben nur in einen Kanal und legt fest, wie die Manifestation verlaufen soll, was Stillstand bewirkt. »Es ist mein Weg, nicht dein Weg!«, so lautet das Gebot der Unendlichen Weisheit. Wie jede Energie, ob Dampf oder Elektrizität, benötigt sie ein Gerät oder Instrument ohne Widerstand, durch das hindurch sie wirken kann, in dem Fall die Menschen.

Immer wieder wird man dazu angehalten, still zu verharren: »Oh Judas, fürchte dich nicht; aber tritt' ihnen morgen entgegen, denn der Herr ist mit dir. Ihr müsst diesen Kampf nicht kämpfen; setzt euch nieder, haltet still und seht die Erlösung des Herrn mit euch.«

Das erleben wir im Fall der Frau, die die 2.000 Dollar über ihren Hausbesitzer zurückbekam, nachdem sie *keinen Widerstand* mehr zeigte und die *Ruhe bewahrte*, sowie bei der Frau, die die Liebe des Mannes zurückgewann, nachdem »alles Leid vorbei war«.

Gleichgewicht ist das Ziel der Schülerin!

Gleichgewicht ist Macht, denn die göttliche Macht kann hindurchströmen, »um ihre Wohltaten zu vollbringen«. Wenn eine Frau im Gleichgewicht ist, kann sie klar denken und trifft »schnell die richtigen Entscheidungen ... Ihr entgeht kein Stich.«

Zorn trübt die Sicht und vergiftet das Blut; er ist die Wurzel vieler Krankheiten und führt falsche Entscheidungen herbei, die ein Scheitern bewirken.

Zorn ist eine der »Todsünden«, denn die Folgen sind verheerend. Die Schülerin lernt, dass Sünde in der Metaphysik eine viel umfassendere Bedeutung hat als nach der alten Lehre: »Was nicht Glauben ist, ist Sünde.«

Man kommt zu dem Schluss, dass auch Angst und Sorge Todsünden sind. Sie sind in sein Gegenteil verkehrter Glaube und sorgen dafür, dass sich über verzerrte mentale Bilder das, was man am meisten fürchtet, durchsetzt. Die Arbeit besteht darin, diese Feinde (aus dem Unterbewusstsein) zu vertreiben. »Wenn wir *furchtlos sind, sind wir vollkommen*!« Maurice Maeterlinck (der 1911 den Literaturnobelpreis bekam) sagte, der Mensch sei »Gott mit Angst«.

Wie schon in den vorangegangenen Kapiteln beschrieben, kann eine Frau ihre Angst also nur besiegen, indem sie auf das zugeht, was ihr Angst bereitet. Als Jahoschaphat und das Heer sich auf den Feind vorbereiteten und sangen: »Lobet den Herrn, denn Barmherzigkeit währet ewig!«, stellten sie fest, dass die Feinde sich gegenseitig vernichtet hatten und es zu keinem Kampf mehr kam.

Zum Beispiel bat eine Frau eine Freundin, einer anderen Freundin eine Nachricht zu übermitteln. Die Frau machte sich Sorgen, denn der Verstand sagte ihr: »Misch' dich nicht ein, und tue es nicht.«

Sie war innerlich aufgewühlt, denn sie hatte ein Versprechen gegeben. Schließlich beschloss sie, »auf den Löwen zuzugehen« und das Gesetz des göttlichen Schutzes anzurufen. Sie traf sich mit der Freundin, der sie die Nachricht übermitteln sollte, und hob gerade zu sprechen an, als ihre Freundin sagte: »Soundso ist weggezogen.«

Damit war die Nachricht hinfällig, denn sie betraf die Person, die bis dato in der Stadt gelebt hatte. Als sie sich dazu bereit erklärt hatte, musste sie es nicht mehr tun; als sie keine Furcht mehr hatte, löste die Situation sich auf.

Die Schülerin schiebt ihre Glaubensdemonstration oft durch den Glauben an Unvollkommenheit hinaus. Sie sollte Folgendes bekunden: »Der göttliche Geist kennt nur Vollkommenheit, deshalb ist auch meine Demonstration vollkommen. Meine vollkommene Arbeit, mein vollkommenes Zuhause, meine vollkommene Gesundheit.« Worum sie auch bittet, es sind vollkommene Vorstellungen, die im göttlichen Geist verankert sind und »in Gnade auf vollkommene Weise« manifest werden. Sie dankt dafür, dass sie nicht sichtbar bereits empfangen hat, und bereitet sich aktiv darauf vor, für alle sichtbar zu empfangen.

Eine meiner Schülerinnen brauchte eine finanzielle Demonstration. Sie kam zu mir und fragte, warum sie nicht vollkommen wäre.

Ich antwortete: »Vielleicht bist du es gewöhnt, die Dinge nicht zu Ende zu führen, und so hat sich das Unterbewusstsein auch angewöhnt, etwas unvollendet zu lassen.«

Sie sagte: »Sie haben Recht. Ich fange oft etwas an und bleibe nicht dran. Ich gehe jetzt nach Hause und werde etwas fertig stellen, womit ich vor Wochen begonnen habe, und ich weiß, dass es symbolisch für meine Demonstration stehen wird.«

Sie nähte ausdauernd, und bald war die Ware fertig. Kurz darauf traf auf höchst merkwürdige Weise Geld ein. Ihrem Mann wurden in dem Monat zwei Gehälter überwiesen. Er informierte seinen Arbeitgeber über das Versehen, und man teilte ihm mit, er solle das Geld behalten.

Wenn eine Frau *im Glauben* um etwas bittet, *muss sie es auch empfangen, denn Gott schafft seine eigenen Wege*!

Manchmal bin ich Folgendes gefragt worden: »Angenommen, man hat mehrere Begabungen: Wie weiß ich, für welche ich mich entscheiden soll?« Bitte um ein eindeutiges Zeichen. Sprich: »Unendlicher Geist, gib mir ein eindeutiges Zeichen, gib mir zu erkennen, wie ich vollkommene Selbstverwirklichung erreiche, zeige mir, welche Begabung ich mir zunutze machen soll.«

Ich habe Menschen erlebt, die beruflich mit nur wenig oder keiner Vorbereitung die Branche gewechselt haben und mit allem Nötigen ausgestattet waren. Bekunde also Folgendes: »Ich besitze alles für den göttlichen Plan meines Lebens«, und sei furchtlos, wenn es darum geht, die Gelegenheit beim Schopf zu fassen.

Manche Menschen können großzügig geben und tun sich schwer zu nehmen. Geschenke weisen sie aus Stolz oder einem anderen unguten Grund zurück und blockieren so ihre Kanäle und stehen irgendwann mit wenig oder nichts da.

Zum Beispiel hatte eine Frau eine große Geldsumme verschenkt und bekam ein Geschenk im Wert von mehreren Tausend Dollar. Sie weigerte sich, es anzunehmen, mit der Begründung, sie brauche es nicht. Kurz darauf waren ihre Mittel »blockiert«, und sie hatte Schulden in etwa derselben Höhe. Eine Frau sollte das Brot, das man ihr im Gegenzug für Wasser gibt, würdevoll annehmen – freiwillig haben wir gegeben, freiwillig wollen wir nehmen. Geben und nehmen sind immer im Gleichklang, und auch wenn eine Frau geben sollte, ohne darauf zu sehen, ob sie auch etwas dafür bekommt, verletzt sie das Gesetz, wenn sie das Gegengeschenk nicht annimmt. Denn alle Geschenke kommen von Gott, da die Menschen nur sein Kanal sind. Der Schenkende sollte nie mit dem Gedanken an Mangel bedacht werden.

Als mir die Frau zum Beispiel den Cent gab, habe ich nicht gesagt: »Arme Frau, das kann sie sich doch gar nicht leisten.« Ich sah sie reich und wohlhabend, mit einem Auskommen im Überfluss. Dieser Gedanke war es, der dafür sorgte, dass es auch so kam. Wenn eine Frau schlecht annehmen kann, muss sie etwas daran ändern und selbst eine Postbriefmarke entgegennehmen, wenn man sie ihr schenkt, und ihre Kanäle öffnen, um zu nehmen.

Der Herr liebt die, die großzügig nehmen, so wie er die liebt, die großzügig geben.

Ich bin oft gefragt worden, warum die eine reich und gesund geboren wird, und die andere arm und krank. Keine Wirkung ohne Ursache, und Zufälle gibt es nicht.

Diese Frage kann man mit dem Gesetz der Reinkarnation beantworten. Eine Frau wird vielfach wiedergeboren, bevor sie die Wahrheit kennt, die sie befreit. Unbefriedigte Wünsche ziehen sie auf die Erde zurück, damit sie ihre karmische Schuld abtragen oder »ihr Schicksal sich erfüllen« kann.

Die Frau, die reich und gesund geboren wird, hatte in ihrem vergangenen Leben Bilder von Gesundheit und Reichtümern in ihrem Unterbewusstsein, so wie die arme und kranke Frau Bilder von Krankheit und Armut hatte. Eine Frau manifestiert auf jeder Ebene die Summe ihrer unterbewussten Überzeugungen.

Geburt und Tod sind nichtsdestoweniger diesseitige Gesetze, denn »der Tod ist der Sünde Sold«. Die wahre, spirituelle Frau ist ohne Geburt und ohne Tod! Sie wurde nie geboren und stirbt auch nie – »Wie am Anfang, so auch jetzt, bis in alle Ewigkeit«.

Durch die Wahrheit wird die Frau vom karmischen Gesetz, von Sünde und Tod befreit und manifestiert den göttlichen Plan für ihr Leben.

Der Herr wird zu ihr sagen: »Gut gemacht, treue, aufrichtige Dienerin. Du warst gewissenhaft in manchen Dingen, ich bestimme über viele Dinge (bis hin zum Tod); lasse dich ein auf die Freude des Herrn (das ewige Leben).«

Eine Frau wird dadurch frei,
dass sie ihr Schicksal erfüllt.

Verwandle dich durch
die Erneuerung deines Geistes.

Kapitel 10

Verneinen und bekräftigen

Alles, was an Gutem im Leben einer Frau manifest werden soll, ist im göttlichen Geist schon vollendet angelegt und wird durch die Anerkennung der Frau oder ihr gesprochenes Wort freigesetzt. Sie muss also sehr genau verfügen, dass nur die göttliche Idee manifest werde, denn oft verfügt sie durch »unnütze Worte« Scheitern oder Unglück. Deshalb ist es von allergrößter Wichtigkeit, dass die Bitte richtig formuliert wird, wie schon zuvor erwähnt. Wenn man ein Haus, Freunde, eine Arbeitsstelle oder irgendetwas Positives wünscht, soll man um die göttliche Wahl nachsuchen. Zum Beispiel so: »Unendlicher Geist, mach' den Weg frei für ein richtiges Zuhause, einen richtigen Freund, den richtigen Arbeitsplatz. Ich danke dafür, dass es *jetzt auf vollkommene Weise in der Gnade manifest wird.*« Der letzte Teil der Bekundung ist sehr wichtig.

Zum Beispiel kannte ich eine Frau, die um 1.000 Dollar bat. Ihre Tochter wurde verletzt, und sie erhielten 1.000 Dollar Schmerzensgeld; das Geld kam also nicht »auf vollkommene Weise«. Die Bitte hätte folgendermaßen formuliert sein sollen: »Unendlicher Geist, ich danke dafür, dass die 1.000 Dollar, die mir gemäß dem göttlichen Recht zustehen, jetzt übertragen werden und mich in Gnade auf vollkommene Weise erreichen.«

Wenn sie in die finanziellen Zusammenhänge hineinwächst, sollte sie darum bitten, dass die beträchtlichen Summen, die ihr gemäß dem göttlichen Recht zustehen, ihr in Gnade auf vollkommene Weise zuteil werden. Es ist unmöglich für eine Frau, mehr freizusetzen, als sie für möglich hält, denn sie ist an die Erwartungsgrenze des Unterbewusstseins gebunden. Sie muss ihre Erwartungen hinaufsetzen, um mehr zu empfangen. – Eine Frau beschränkt sich oft in ihren Bitten.

Zum Beispiel bat eine Schülerin um 600 Dollar innerhalb einer bestimmten Frist. Sie erhielt sie auch, erfuhr jedoch im Nachhinein, dass sie beinahe 1.000 Dollar erhalten hätte. Dass es nur 600 Dollar waren, lag an ihrem gesprochenen Wort.

»Sie schränkten den Heiligen aus Israel ein.« Wohlstand ist eine Sache des Bewusstseins. Die Franzosen kennen eine Legende, die das veranschaulicht: Ein armer Mann ging die Straße entlang und begegnete einem Reisenden, der ihn anhielt und sagte: »Guter Freund, ich sehe, Ihr seid arm. Nehmt diesen Goldklumpen, verkauft ihn und Ihr werdet alle Tage reich sein.«

Der Mann war überglücklich und nahm den Goldklumpen mit nach Hause. Er fand auf Anhieb Arbeit und wurde so reich, dass er den Klumpen nicht verkaufte. Jahre vergingen, und er wurde ein sehr reicher Mann. Eines Tages sah er einen armen Mann auf der Straße. Er hielt ihn an und sagte: »Guter Freund, ich gebe Euch diesen Goldklumpen, der Euch, wenn Ihr ihn verkauft, für Euer Lebtag zu einem reichen Mann machen wird.« Der Bettler nahm den Goldklumpen, ließ ihn schätzen und fand heraus, dass es nur Messing war. Wir sehen also, der erste Mann wurde reich, weil er sich reich fühlte und dachte, der Klumpen wäre aus Gold.

Jede Frau trägt einen Goldklumpen in sich: Es ist ihr Bewusstsein für Gold und Überfluss, das ihr im Leben Reichtum beschert. Indem eine Frau ihre Bitten formuliert, fängt sie am *Ende ihrer Reise* an und erklärt ganz einfach, sie habe bereits empfangen. »Ich antworte, noch bevor ihr ruft.«

Regelmäßige Bekundungen stärken den Glauben im Unterbewusstsein. Nachfolgend ein paar Anregungen mit konkreter Zielsetzung.

WOHLSTAND

Gott sorgt unfehlbar für mein Auskommen,
und ich erhalte in der Gnade auf vollkommene Weise
schnell viel Geld.

*

DAS GÖTTLICHE

Jeder Plan, der nicht Gottes Plan ist,
soll sich auflösen, damit das göttliche
sich durchsetzen kann.

*

WAHRHEIT

Nur Gottes Wahrheit ist auch meine Wahrheit,
weil Gott und ich eins sind.

*

GLAUBE

Da ich eins bin mit Gott,
bin ich eins mit dem Guten, denn Gott
ist der Schenkende und das Geschenk.
Den Schenkenden kann ich vom Geschenk
nicht trennen.

*

GÖTTLICHE LIEBE

Göttliche Liebe löst alles auf,
was nicht stimmt in Körper, Geist und
sämtlichen Angelegenheiten.
Göttliche Liebe ist der mächtigste Stoff
des Universums und hebt alles auf,
was ihr nicht entspricht.

*

GESUNDHEIT

Göttliche Liebe durchflutet
und heilt mein Bewusstsein,
und jede Zelle in meinem Körper ist licht.

*

KLARSICHTIGKEIT

Meine Augen sind Gottes Augen,
ich sehe mit den Augen des Geistes.
Ich sehe klar den geebneten Weg,
auf dem es kein Hindernis gibt.
Ich kann den vollkommenen Plan klar erkennen.

*

FÜHRUNG

Ich bin auf göttliche Weise sensibilisiert
für die Zeichen, denen ich unmittelbar
Folge leisten soll.

*

GEHÖR

Meine Ohren sind Gottes Ohren,
ich höre mit den Ohren des Geistes.
Ich habe keine Widerstände und
lasse mich führen.
Ich vernehme überaus frohe Botschaften.

*

BERUFLICHER ERFOLG

Ich habe auf vollkommene Weise
vollkommene Arbeit;
ich leiste vollkommene Dienste
für vollkommenen Lohn.

*

BEFREIUNG VON ALLEN EINSCHRÄNKUNGEN

Ich lege die Last auf Christus
in meinem Innern – und bin befreit!

*

Es würde vollkommen ausreichen, nur einmal etwas zu bekräftigen, hätte man den vollkommenen Glauben! Man sollte nicht bitten und flehen, sondern wiederholt dafür danken, dass man bereits empfangen hat.

»Die Wüste soll *frohlocken* und erblühen wie eine Rose.« Dieses *Frohlocken* in der Wüste (Zustand der Bewusstheit) macht den Weg frei. Das Gebet des Herrn ist als Gebot und Bitte formuliert – »Gib uns unser tägliches Brot, und vergib uns unsere Schuld, so wie wir vergeben unsern Schuldigern« – und endet in der Lobpreisung: »Denn dein ist das Reich und die Kraft und die Herrlichkeit, in Ewigkeit. Amen.«

»Befiehl mir, was meine Hände zu tun haben.« Das Gebet ist also Gebot und Bitte, Lobpreisung und Dank. Die Schülerin muss den Glauben daran entwickeln, dass »mit Gott alles möglich ist«.

Das ist leicht gesagt, doch die Umsetzung kann schwer fallen.

Eine Frau zum Beispiel brauchte innerhalb einer bestimmten Zeit einen bestimmten Geldbetrag. Sie wusste, dass sie etwas unternehmen musste, um die Verwirklichung ihres Wunsches herbeizuführen (denn die Verwirklichung ist Manifestation), und bat um ein »Zeichen«.

Sie lief durch die Abteilung eines Kaufhauses und sah einen wunderschönen, pinkfarbenen Brieföffner aus Emaille. Sie fühlte sich magisch angezogen; gleichzeitig ging ihr durch den Kopf, dass sie keinen Brieföffner hatte, der gut genug wäre, »um Briefe mit großen Schecks zu öffnen«.

Sie kaufte den Brieföffner also, worin der Verstand eine Extravaganz gesehen hätte. Als sie ihn in der Hand hielt, hatte sie kurz ein Bild von sich selbst vor Augen, wie sie einen Umschlag mit einem großen Scheck öffnete. Innerhalb weniger Wochen erhielt sie das Geld. Der pinkfarbene Brieföffner war ihre Brücke zum aktiven Glauben.

Es gibt viele Geschichten über die Kraft des Unterbewussten, das sich in Glauben verwandelt.

Zum Beispiel verbrachte ein Mann eine Nacht in einem Bauernhaus. Die Fensterläden in dem Zimmer waren zugenagelt, und mitten in der Nacht bekam er keine Luft mehr und ging im Dunkeln zum Fenster. Er konnte es nicht öffnen. So zerschlug er die Scheibe mit der Faust, sog in tiefen Zügen frische Luft ein und schlief für den Rest der Nacht wunderbar.

Am nächsten Morgen stellte er fest, dass er die Scheibe einer Vitrine eingeschlagen hatte und das Fenster die ganze Nacht über geschlossen gewesen war. Er hatte *sich selbst mit Sauerstoff versorgt, allein durch den Gedanken an Sauerstoff.*

Wenn eine Schülerin sich zu einer Demonstration anschickt, sollte sie nie einen Rückzieher machen. »Glaube die Frau, die schwankt, nicht, auch nur das Geringste vom Herrn zu empfangen.«

Eine Schülerin bekundete einmal auf wunderbare Weise Folgendes: »Wenn ich Gott um irgendetwas bitte, stehe ich da, die Füße fest am Boden, und sage: ›Gott, weniger, als das, worum ich gebeten habe, nehme ich nicht an, aber mehr!‹« Eine Frau sollte also niemals Kompromisse machen. Das ist manchmal die schwierigste Phase der Demonstration. Man ist versucht aufzugeben, einen Schritt zurück uweichen, Kompromisse zu machen.

»Gott dient auch derjenigen, die nur dasteht und wartet.«

Demonstrationen finden oft um die elfte Abendstunde statt, weil die Menschen dann loslassen und keine Fragen mehr stellen, und die Unendliche Weisheit zum Zuge kommen kann.

Nichts sagende Wünsche werden oft nichts sagend beantwortet, und ungeduldige Wünsche werden lange hinausgezögert oder mit aller Gewalt erfüllt.

Zum Beispiel fragte mich eine Frau, warum sie immer ihre Brille verlor oder diese ständig kaputt ging.

Wir fanden heraus, dass sie zu sich und anderen oft in ärgerlichem Ton sagte: »Ich wünschte, ich bräuchte meine Brille nicht mehr.« Ihr ungeduldiger Wunsch ging also gewaltsam in Erfüllung. Stattdessen hätte sie um ein gutes Sehvermögen bitten sollen, doch was sie im Unterbewusstsein speicherte, war nur der ungeduldige Wunsch, die Brille los zu sein; so ging sie ständig kaputt oder verloren.

Zwei innere Haltungen bewirken Verlust: Geringschätzung, so wie im Fall der Frau, die ihren Mann nicht wertschätzen konnte, *oder Verlustangst,* die im Unterbewusstsein ein Bild vom Verlust entstehen lässt.

Wenn eine Schülerin in der Lage ist, von ihrem Problem zu lassen (die Bürde abzuwerfen), wird es unmittelbar zu einer Manifestation kommen.

Zum Beispiel war eine Frau an einem sehr stürmischen Tag unterwegs und ihr Schirm hatte sich umgeklappt. Sie wollte aber gerade Leute besuchen, die sie noch nie gesehen hatte, und bei der ersten Begegnung nicht mit einem demolierten Schirm auftauchen. Wegwerfen konnte sie ihn nicht, weil er ihr nicht gehörte. Verzweifelt rief sie: »O Gott, kümmere du dich um diesen Schirm, ich weiß nicht mehr, was ich machen soll.«

Einen Augenblick später sagte eine Stimme hinter ihr: »Möchten Sie, dass ich Ihren Schirm repariere?« Vor ihr stand in der Tat ein Schirmmacher. Erleichtert sagte sie ja.

Der Gentleman reparierte den Schirm, während sie ihren Besuch machte, und als sie wiederkam, hatte sie einen wunderbaren Schirm. Wenn eine Frau unterwegs ist, ist für sie also immer ein Schirmmacher greifbar, wenn sie ihren Schirm (oder die Situation) in Gottes Hände legt.

Auf eine Verneinung sollte immer eine Bekräftigung folgen.

Zum Beispiel wurde ich einmal spät abends angerufen und sollte eine Frau behandeln, die ich nie zuvor gesehen hatte. Sie war offensichtlich sehr krank. Ich bekundete: »Ich verneine diese Krankheit. Sie ist unwirklich und kann sich deshalb nicht in ihrem Bewusstsein verankern. Diese Frau ist eine vollkommene Idee des göttlichen Geistes, reine Substanz, die Vollkommenheit verkörpert.«

Im göttlichen Geist gibt es weder Raum noch Zeit, weshalb das Wort sofort sein Ziel erreicht und nicht als »leere Hülse« zurückkehrt. Ich habe Patienten in Europa mit unmittelbarem Erfolg behandelt.

Sehr häufig fragt man mich, was der Unterschied zwischen Visualisierung und Vision ist. Die Visualisierung ist ein mentaler, auf dem Verstand oder dem Bewusstsein beruhender Prozess, die Vision dagegen ist ein geistiger Prozess, der auf Intuition oder dem Unterbewusstsein beruht. Die Schülerin sollte ihren Geist darauf schulen, diese Inspirationen einzufangen und mit Hilfe eindeutiger Zeichen die göttlichen Bilder herauszuarbeiten. Wenn eine Frau sagen kann: »Ich wünsche mir nur das, was Gott für mich wünscht«, hat ihr der Meisterarchitekt, nämlich Gott in ihr, die neuen Entwürfe übermittelt. Gottes Plan für jeden Menschen transzendiert die beschränkte Verstandesebene und entspricht immer dem Quadrat des Lebens: Gesundheit, Wohlstand, Liebe und vollkommene Selbstverwirklichung. Viele Frauen bauen in ihrer Vorstellung einen Bungalow, und sollten doch einen Palast bauen.

Wenn eine Schülerin versucht, eine Demonstration (über den Verstand) zu erzwingen, führt sie Stillstand herbei. »Ich werde es beschleunigen«, sagt der Herr. Sie sollte ausschließlich ihrer Intuition oder eindeutigen Zeichen folgen. »Ruhe in Gott und warte geduldig. Vertraue auf den Herrn, und der Herr lässt es geschehen.«

Ich habe erlebt, dass das Gesetz auf erstaunliche Weise gewirkt hat.

Zum Beispiel benötigte eine Schülerin 100 Dollar für den darauffolgenden Tag. Es war existenziell wichtig für sie, diese Schulden zu begleichen. Ich sprach die Fürbitte und erklärte, der Geist komme nie zu spät, und die Unterstützung sei verfügbar.

Noch am selben Abend rief sie mich an, um mir von dem Wunder zu berichten. Sie sagte, ihr sei der Gedanke gekommen, Papiere in ihrem Banksafe noch einmal genauer in Augenschein zu nehmen. Als sie die Papiere durchging, entdeckte sie ganz unten einen neuen 100-Dollar-Schein. Sie war erstaunt, denn sie war sich sicher, nie einen Schein in das Fach gelegt zu haben, das sie oft durchgesehen hatte. Möglicherweise hatte sich etwas materialisiert, so wie sich durch Jesus Christus Brotlaibe und Fische materialisiert hatten. Eine Frau erreicht das Stadium, in dem ihr »Wort zu Fleisch wird« oder sich unmittelbar materialisiert, wie die »ernetereifen Felder« und alle Wunder Christi.

Eine enorme Kraft liegt allein schon im Namen Jesus Christus. Er steht für *Wahrheit, die Gestalt angenommen hat.* Er hat gesagt: »Worum ihr den Herrn in meinem Namen auch bittet, er wird es euch geben.«

Die Kraft dieses Namens versetzt die Schülerin in die vierte Dimension, in der sie von allem astralen und psychischen Einfluss befreit und »unbedingt und absolut wird, so wie auch Gott unbedingt und absolut ist«.

Ich habe viele Heilungen erlebt, die durch die Worte »im Namen von Jesus Christus« herbeigeführt wurden. Er war Mensch und Prinzip in einem; und jede Frau wird durch Christus in ihrem Innern erlöst.

Christus in unserem Innern ist unser vierdimensionales, nach Gottes Abbild erschaffene Ich, das nie gescheitert ist, weder Krankheit noch Trauer kennt, nie geboren wurde und nie sterben wird. Es ist die »Auferstehung und das Leben« für jeden Menschen. Das bedeutet, dass Gott der Allmächtige in uns zu Christus wird, der sich so täglich in uns manifestiert.

Eine Frau sollte Denken zur Kunst machen. Ihr Vordenker ist ein Künstler, der auf die Leinwand ihres Geistes nur göttliche Entwürfe überträgt, und sie setzt diese Bilder kraftvoll und entschlossen um, im absoluten Glauben, dass keine Macht deren Vollkommenheit beeinträchtigen kann und sich durch sie in ihrem Leben das Ideal manifestiert. Die einfachen Regeln dafür lauten: furchtloser Glaube, keine Widerstände und Liebe!

Möge jede Leserin nun erlöst sein von dem, was sie seit ewigen Zeiten gefangen hielt und zwischen ihr und ihrem Selbst stand, und »die Wahrheit kennen, die sie befreit« – um ihr Schicksal zu erfüllen und den göttlichen

Plan ihres Lebens wirksam werden zu lassen: Gesundheit, Wohlstand, Liebe und vollkommene Selbstverwirklichung.

Die richtigen Gedanken geben jeder Frau die Kraft,
sich »ihren« Himmel auf »ihre« Erde zu holen.
Das Spiel des Lebens ist gedacht als Weg dorthin.

288 Seiten, broschiert
€ [D] 14,90
ISBN 978-3-89845-212-0

Carmen Schüle

Glücklichsein ist mehr als zufrieden sein

Dem Glück auf der Spur

Eigentlich sind Sie bisher gut auf Ihrem Weg vorangekommen – aber irgendein Element fehlt noch zu Ihrem Glück? Nur welches? Kann es sein, dass Ihnen noch alte Prägungen oder Verhaltensweisen unbemerkt wie kleine Teufelchen immer wieder ein Bein stellen? Oder reagieren Ihre Gefühle nicht so, wie Sie sich das wünschen? Lernen Sie an mehreren spannend zu lesenden Fallbeispielen die größeren Zusammenhänge des Lebens kennen – und finden Sie von Zufriedenheit endlich zu dauerhaftem Glück...

208 Seiten, broschiert
€ [D] 11,90
ISBN 978-3-89845-231-1

Dr. Venice Bloodworth

Die Begrüßung der Morgendämmerung

Ein Klassiker des positiven Denkens

Der Bestseller der bekannten amerikanischen Psychologin! Ein Buch, das auf klare und einfache Art und Weise aufzeigt, wie jeder Mensch Fortschritte machen kann, indem er unbewusst die kreative Kraft, die das Geburtsrecht eines jeden Individuums ist, anwendet. Lernen Sie, Ihre mentalen Bilder und Vorstellungen zu kontrollieren sowie zu realisieren, entdecken Sie Ihr wahres Selbst und lernen Sie, sich endlich wieder zu vertrauen. Ein echtes Schlüsselbuch!

44 farbige Karten im
Format 8x12 cm mit
64 Seiten Begleitheft
€ [D] 17,90
EAN 4260075280042

Gabriela Pfefferkorn

Glück wählen – Glück finden

44 Karten mit Begleitheft

Wesentliche Voraussetzung für ein Leben im Glück sind unsere Gedanken, denn allein sie formen unsere Realität. Was liegt also näher, als uns in der Selbstmeisterung durch bewusste Autosuggestion zu üben – denn wir selbst haben es in der Hand, unser Leben zu gestalten. Die Schlüssel zu dieser Art der Selbstmeisterung sind häufig gesprochene, positive Affirmationen und Visualisationen, wiederholte Gedanken, Glaubenssätze und Vorstellungen.

208 Seiten, broschiert
mit 8 Seiten Farbteil
€ [D] 14,90
ISBN 978-3-89845-237-3

Anne Givaudan

Gedankenformen und ihre Auswirkungen

Eines der revolutionärsten Bücher zum Thema Gedankenkraft! Die Autorin macht eindringlich klar, wie eine Gedankenform funktioniert, wie sie entsteht und wie sie wirkt, insbesondere aber, wie wir ihren Einfluss auf uns mindern können.

Gedankenformen können uns ersticken oder uns dynamisieren - sie erkennen und sich ihrer Rolle bewusst zu werden, das ist der erste Schritt zu einer wahren "Transformation"; diesen Schritt nun erleichert dieses Buch mit seinen umfassenden und doch verständlichen Erläuterungen.